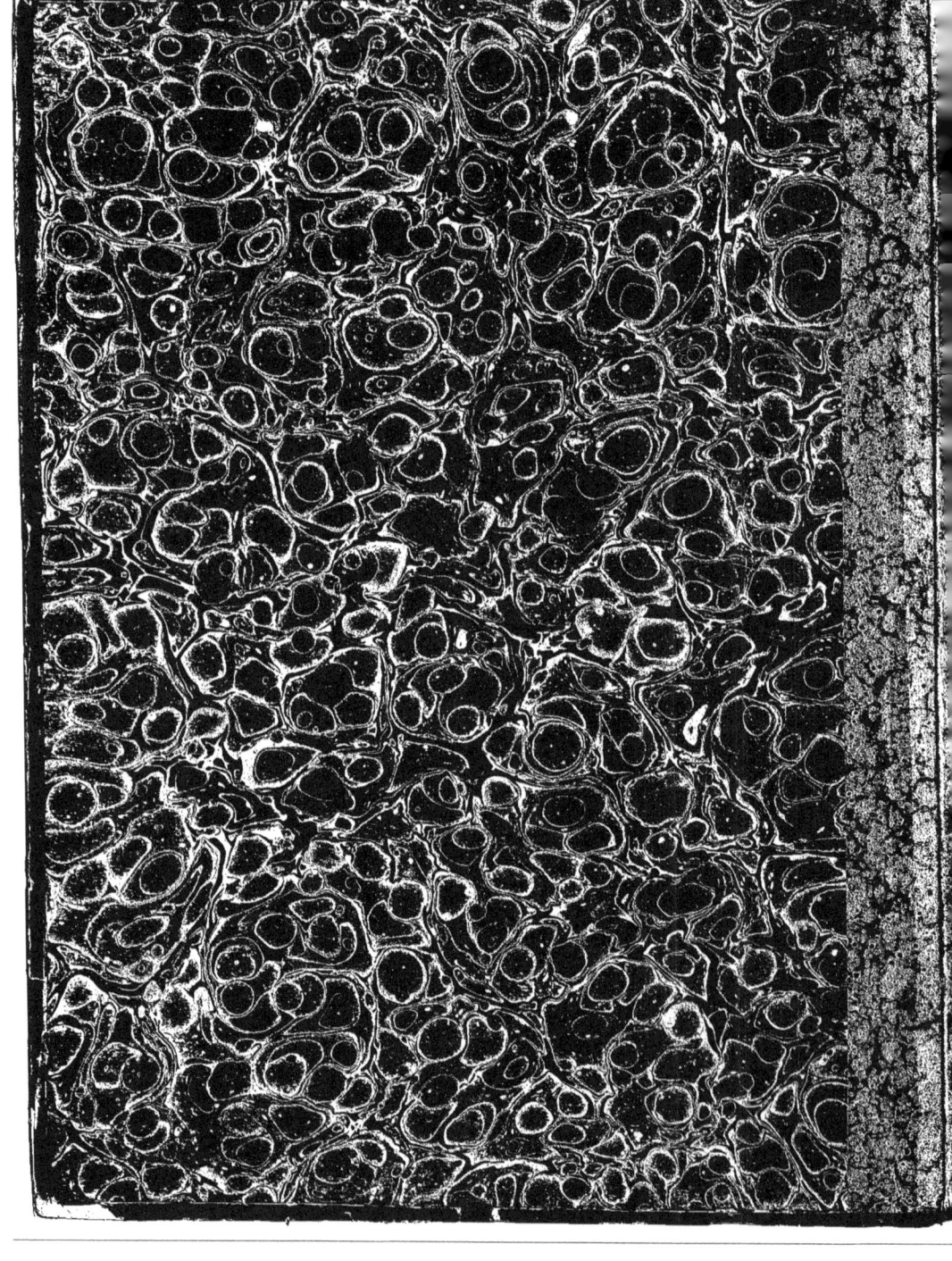

17825

ATLAS

DU

Dictionnaire des Chasses.

IMPRIMERIE DE Mme HUZARD (née VALLAT LA CHAPELLE),
Rue de l'Éperon, n° 7.

Traité Général

DES

EAUX ET FORÊTS, CHASSES ET PÊCHES.

TROISIÈME PARTIE.

DICTIONNAIRE DES CHASSES,

PAR MM. BAUDRILLART ET DE QUINGERY.

PARIS,
ARTHUS BERTRAND, LIBRAIRE-ÉDITEUR,
RUE HAUTEFEUILLE, N° 23;

MADAME HUZARD (NÉE VALLAT LA CHAPELLE), IMPRIMEUR-LIBRAIRE,
RUE DE L'ÉPERON-SAINT-ANDRÉ-DES-ARTS, N° 7.

TABLE DES PLANCHES.

PLANCHE 1.
Nº 1. Chien d'arrêt français.
2. Epagneul français.
3. Chien griffon français.

PLANCHE 1ᴮⁱˢ.
Nº 1. Caniche.
2. Chien d'arrêt anglais (Pointer).
3. Chien couchant anglais (Setter).

PLANCHE 1ᵀᵉʳ.
Nº 1. Chien d'arrêt noir anglais (Pointer).
2. Mâtin.
3. Chien courant normand.

PLANCHE 1ᵠᵘᵃᵗᵉʳ.
Nº 1. Basset à jambes droites.
2. Basset à jambes torses.
3. Lévrier ordinaire.

PLANCHE 2.
Nº 1. Le dogue.
2. Le dogue de forte race.
3. Couple ou corde de crin pour accoupler deux chiens.
4. Harde pour conduire six chiens.
5. Colliers de force.
6. Billot ou moulin qu'on fait rapporter aux chiens.
7. Botte ou collier de limier.
8. Profil des tolacs ou lits de chiens.
9. Face extérieure d'une auge.
10. Coupe transversale de la même auge.

PLANCHE 3.
Nº 1. Le cerf.
2. La biche.
3. Le faon.
4. Tête de daguet.
5. Seconde tête.
6. Moitié d'une troisième.
7. Moitié d'une quatrième.
8. Dix cors jeunement.
9. Cerf dix cors.
10. Pied d'un daguet.
11. Pied d'un cerf à sa deuxième tête.
12. Pied d'un cerf à sa troisième tête.
13. Pied d'un cerf dix cors jeunement.
14. Pied d'un cerf dix cors.
15. Pied d'une biche.
16. Fumées en chapelet.
17. Fumées formées.
18. Fumées en bousards.
19. Fumées en plateaux.

PLANCHE 4.
Nº 1. Le daim.
2. La daine.
3. Le chevreuil.
4. La chevrette et son faon.
5. Pied d'un jeune chevreuil.
6. Pied d'un chevreuil dix cors.
7. Le bouquetin.
8. Le chamois.

PLANCHE 5.
Nº 1. Le sanglier.
2. Le marcassin.
3. Pied d'un jeune sanglier.
4. Pied d'un quartan.
5. Pied d'une laie.
6. Pied d'un vieux sanglier.
7. Pied d'un marcassin.
8. Le loup.
9. Pied d'un jeune loup.
10. Pied d'une jeune louve.
11. Pied d'un vieux loup.
12. Pied d'une vieille louve.
13. Ours.

PLANCHE 6.
Nº 1. Le renard.
2. Pied du renard.
3. Le blaireau.
4. Pied du blaireau.
5. La loutre.
6. La fouine.
7. Le putois.
8. Le furet.
9. La belette.
10. Le lièvre.
11. Pied du lièvre.
12. Pied de la hase.
13. Lapin sauvage.
14. Pied du lapin.
15. Pied du chat.

PLANCHE 7.
Nº 1. L'aigle commun.
2. Le vautour.
3. L'orfraie.
4. Le milan royal.
5. La buse.
6. Le gerfaut.
7. L'épervier.
8. L'autour.

PLANCHE 8.
Nº 1. Le lanier.
2. Le balbusard.
3. Le busard.
4. Le faucon sors.
5. Le faucon hagard.
6. La soubuse.
7. Le hobereau.
8. L'émerillon.
9. La créccrelle.

PLANCHE 9.
Nº 1. La pie-grièche grise.
2. Le hibou ou moyen duc.
3. La hulotte.
4. Le chat-huant.
5. L'effraie.
6. La chouette.
7. La chevêche.
8. Le corbeau.
9. La corbine ou corneille noire.

PLANCHE 10.
Nº 1. Le freux.
2. Le choucas.
3. La corneille mantelée.
4. La choquard.
5. Le geai.
6. La pie.
7. Le rollier d'Europe.
8. Le loriot.
9. Le torche-pot ou sittelle.
10. Le petit grimpereau de France.
11. Le grimpereau de muraille.
12. Le coucou.

PLANCHE 11.
Nº 1. Le torcol.
2. L'epeiche.
3. Le pic-vert.
4. Le gros-bec.
5. Le martin-pêcheur.
6. Le bouvreuil.
7. L'ortolan.
8. L'ortolan des roseaux.
9. Le verdier.
10. Le bruant.
11. L'ortolan de Lorraine.
12. Le proyer.

PLANCHE 12.
Nº 1. Le pinson.
2. Le pinson des Ardennes.
3. Le moineau.
4. Le friquet.
5. La linotte.
6. Le chardonneret.
7. L'engoulevent ou tête-chèvre.
8. La grive.

9. La rousserolle.
10. La litorne.
11. Le mauvis.
12. La draine.

PLANCHE 13.

Nº 1. Le merle.
2. Le gobe-mouche de Lorraine.
3. Le gobe-mouche commun.
4. L'étourneau.
5. Le cujelier.
6. L'alouette.
7. La farlouse ou l'alouette des prés.
8. Le cochevis ou la grosse alouette huppée.
9. La lavandière.
10. La bergeronnette du printemps.
11. La bergeronnette jaune.
12. Le rossignol.

PLANCHE 14.

Nº 1. La fauvette.
2. La fauvette des Alpes.
3. Le traîne-buisson ou fauvette d'hiver.
4. Le bec-figue.
5. Le rouge-gorge.
6. Le motteux ou cul-blanc.
7. La mésange charbonnière.
8. La nonnette cendrée.
9. La mésange bleue.
10. La mésange huppée.
11. Le biset.
12. Le ramier.

PLANCHE 15.

Nº 1. La tourterelle commune.
2. Le faisan.
3. Le cocquard.
4. Le tétras ou grand coq de bruyère.
5. La poule de bruyère.
6. Le petit tétras ou coq de bruyère à queue fourchue.
7. La femelle du coq de bruyère.
8. La gélinotte des bois.

PLANCHE 16.

Nº 1. Le ganga ou gélinotte des Pyrénées.
2. La perdrix grise.
3. La perdrix de montagne.
4. La perdrix rouge.
5. La bartavelle.
6. La caille.
7. La petite outarde ou canepetière.
8. L'outarde.
9. La grue.

PLANCHE 17.

Nº 1. La cigogne.
2. Le butor.
3. Le héron.
4. Le courlis.
5. La bécasse.
6. La bécassine.

7. Le chevalier aux pieds rouges.
8. Le bécasseau.
9. La guignette.

PLANCHE 18.

Nº 1. Le vanneau.
2. Le pluvier à collier.
3. Le pluvier doré.
4. Le grand pluvier ou courlis de terre.
5. Le râle de terre ou de genêt.
6. Le râle d'eau.
7. La poule d'eau.
8. La foulque ou morelle.
9. Le grèbe.

PLANCHE 19.

Nº 1. Le castagneux.
2. Le plongeon.
3. L'avocette.
4. Le canard.
5. La macreuse.
6. Le morillon.
7. La sarcelle (mâle).
8. La sarcelle (femelle).
9. Le macareux.

PLANCHE 20.

Nº 1. Platine vue en dessus.
2. Platine vue en dedans.
3. Contre-platine.
4. Epieu pour la chasse au sanglier.
5. Fourche pour la chasse du blaireau.
6. Crochet pour la chasse du blaireau.
7. Pince à blaireau.
8. Traquenard double à bascule, détendu.
9. Traquenard simple à bascule, détendu.
10. Traquenard simple à bascule, tendu.
11. Traquenard à queue, détendu.
12. Traquenard à queue, tendu.
13. Traquenard à poteau.
14. Marchette.
15. Traquenard à poteau, tendu.

PLANCHE 21.

Nº 1. Hameçon français.
2. Hameçon allemand.
3. Pièce de dernier.
4. Assommoir.
5. Assommoir.
6. Assommoir du Mexique qui se tend en dehors.
7. Assommoir du Mexique qui se tend en dedans.
8. Marchette de l'assommoir et le détraquement.
9. Arbalète.
10. Le même piège tendu.
11. Profil de ce piège.

PLANCHE 22.

Nº 1. Trébuchet simple.
2. Trébuchet double.
3. Trébuchet à bascule.

4. Fusil monté sur des fourches.
5. Bâtis en bois servant à l'appareil.
6. Collet à prendre les loups.
7. Assiette de fer.
8. Piége ou lacet à renard.
9. Planche servant à ce piége.
10. Pièce mobile.
11. Clavette.
12. Chambre à prendre les loups.
13. Double enceinte.
14. Géométral de cette enceinte.

PLANCHE 23.

Nº 1. Trappe masquée au pied d'un poteau.
2. Trappe mobile.
3. Trappe à fosse découverte.
4. Autre trappe.
5. Enceinte où les sangliers se prennent d'eux-mêmes.
6. Appareil à prendre les sangliers.
7. Appareil vu de côté.
8. Appareil vu de côté.
9. Panneau pour cerf.
10. Piquet.
11. Panneau à lièvre et à lapin.
12. Panneau à lièvre et à lapin.
13. Panneau à lièvre et à lapin.
14. Corde garnie de plumes.
15. Corde garnie de morceaux de drap.
16. Toiles et instrumens pour former les enceintes.

PLANCHE 24.

Enceintes en toile pour les grandes chasses en Allemagne.

PLANCHE 25.

Nº 1 et 2. Enceintes en toile et filets pour les grandes chasses en Allemagne.
3 et 4. Autres enceintes pour la séparation des animaux.
5. Caisse à transporter les cerfs.
6. Caisse à transporter les lièvres.
7. Caisse à transporter les sangliers.

L'appel. . .
Le requêté. . } Musique.
La vue. . .

PLANCHE 26.

MUSIQUE.

L'accompagnée.
Sonner aux chiens.
Le vol-ce-l'est.
L'ourvari.
Le relancé.
Le débuché.
L'eau.
La sortie de l'eau.

PLANCHE 27.
MUSIQUE.
L'hallali sur pied.
L'hallali par terre.
La royale.
La petite royale.
La quatrième tête ou fanfare du Roi.

PLANCHE 28.
MUSIQUE.
La troisième tête ou Dauphine.
La deuxième tête ou discrète.
Le daguet ou fanfare de la Reine.
La retraite manquée.
La retraite prise.

PLANCHE 29.
MUSIQUE.
Fanfare du daim.
Fanfare du chevreuil.
Fanfare du chevreuil ou la calèche des dames.
Fanfare du sanglier.
Fanfare du lièvre.
Fanfare du loup.
Fanfare du renard.

PLANCHE 30.
MUSIQUE.
La Saint-Hubert.
Fanfares diverses.

PLANCHE 31.
Nº 1. Serpe pour les oiseleurs.
2. Serpette.
3. Canif.
4. Couteau camard.
5. La masse à pic.
7. Couteau eustache.
7. La broche.
8. La broche.
9. La broche.
10. Le perçoir.
11. Le ciseau plat.
12. Le carrelet.
13. Le carton.
14. La boîte.
15. La genouillère.
16. Le nœud fixe.
17. Le nœud coulant simple.
18. Le nœud coulant double.
19. Le nœud chaînette.
20. Le nœud chaînette proprement dit.
21. Le nœud des capucins.

PLANCHE 32.
Nº 1. Appeau à alouettes.
2. Appeau à alouettes.
3. Appeau à alouettes.
4. Appeau à alouettes.
5. Appeau à bec-figues.
6. Appeau à alouettes.
7. Appeau à bécasses.
8. Appeau à cailles.
9. Appeau à cailles.
10. Appeau à cailles.
11. Appeau à cailles.
12. Appeau à cailles.
13. Appeau à cailles.
14. Appeau à cailles.
15. Pièce de ce dernier appeau.
16. Pièce de ce dernier appeau.
17. Appeau à canards.
18. Pièce de cet appeau.
19. Pièce de cet appeau.
20. Autre appeau à cailles.

PLANCHE 33.
Nº 1. Appeau à chouettes.
2. Appeau à chouettes.
3. Appeau à coqs de bruyère.
4. Appeau à grives.
5. Appeau à perdrix grises.
6. Appeau à perdrix grises.
7. Appeau à perdrix grises.
8. Appeau à perdrix grises.
9. Appeau à perdrix rouges.
10. Appeau à perdrix rouges vu de face.
11. Appeau à petits oiseaux.
12. Appeau à piper.
13. Appeau à piper.
14. Appeau à piper.
15. Appeau à piper.
16. Appeau à piper.
17. Appeau à languette.
18. Appeau à languette.
19. Appeau à languette.
20. Appeau à chouettes.

PLANCHE 34.
Nº 1. Appeau à frouer.
2. Appeau à frouer.
3. Appeau à frouer.
4. Appeau à frouer.
5. Appeau à frouer.
6. Appeau à sifflet.
7. Appeau à pluviers.
8. Appeau à râles de genêt.
9. Appeau à vanneaux.
10. Hotte d'oiseleur.
11. Cage d'appelant ou égrenoir.
12. Cage d'appelant.
13. Sanglot.
14. Nappes à alouettes et ustensiles pour cette chasse.

PLANCHE 35.
Nº 1. Miroir à alouettes.
2. Miroir à alouettes.
3. Hutte ambulante.
4. Carcasse de la hutte.
5. Réverbère pour les canards.
6. Disposition des filets pour prendre les alouettes.
7. Vache artificielle.

PLANCHE 36.
Nº 1. Hallier ou cramail.
2. Pantière simple.
3. Pantière contre-maillée.
4. Nappes à canards.

PLANCHE 37.
Nº 1. Traîneau simple.
2. Traîneau composé.
3. Tonnelle.
4. Traîneau portatif.
5. Filet pour la chasse aux perdrix.

PLANCHE 38.
Nº 1. Tirasse.
2. Rafle.
3. Araigne.
4. Chasse des bécasses à la passée.
5. Chasse des bisets, ramiers et tourterelles.

PLANCHE 39.
Nº 1. Trébuchet fait avec des bâtons.
2. Trébuchet fait avec des bâtons.
3. Trébuchet pour prendre les oiseaux de proie.
4. Trébuchet pour prendre les oiseaux de proie.
5. Trébuchet à rideau.
6. Trébuchet à ressort de corde, tendu.
7. Trébuchet à ressort de corde, détendu.
8. Trébuchet à rossignol.
9. Trébuchet à rossignol.
10. Pièce du trébuchet à rossignol.

PLANCHE 40.
Nº 1. Trébuchet à battant simple.
2. Pièce de ce trébuchet.
3. Pièce de ce trébuchet.
4. Trébuchet à battant double.
5. Trébuchet sans fin.
6. Pièce de ce trébuchet.
7. Pièce de ce trébuchet.
8. Pièce de ce trébuchet.
9. Pince d'Elvaski.
10. Pièce de cet instrument.
11. Pièce de cet instrument.
12. Pièce de cet instrument.

PLANCHE 41.
Nº 1. Abreuvoir.
2. Collet à piquet simple.
3. Collet à piquet double.
4. Collet courbé en arc.
5. Collet courbé en triangle.
6. Collet en croix.
7. Collet pour la glanée.
8. Collet à marchette.
9. Collet pendu à un arc.
10. Collet pendu à un triangle.
11. Autre collet tendu.
12. Collet à support volant.
13. Le même mis en action.
14. Autre collet.

PLANCHE 42.

N° 1. Collet à ressort.
2. Pièce de ce collet.
3. Pièce de ce collet.
4. Collet traînant.
5. Lacet.
6. Lacet.
7. Raquette tendue.
8. Raquette détendue.
9. Pièce de ce piége.
10. Pièce de ce piége.
11. Pièce de ce piége.

PLANCHE 43.

N° 1. Raquette tendue.
2. Raquette pour les petits oiseaux.
3. Rejet corde à pied détendu.
4. Détente.
5. Piquet à crochet.
6. Rejet tendu.
7. Autre rejet tendu.
8. Rejet portatif.
9. Pièce de ce rejet.
10. Pièce de ce rejet.
11. Pièce de ce rejet.
12. Pièce de ce rejet.
13. Pièce de ce rejet.
14. Ce rejet tendu.

PLANCHE 44.

N° 1. Mésangette tendue.
2. Mésangette commencée.
3. Bâton.
4. Pivot d'un quatre-de-chiffre.
5. Son support.
6. Marchette.
7. Le quatre-de-chiffre.
8. Rejet à ressort à boudin tendu.
9. Rejet à ressort à boudin non tendu.
10. Rejet portatif de fil de fer.
11. Pièce de ce rejet.
12. Pièce de ce rejet.
13. Pièce de ce rejet.
14. Brai.
15. Poignée du brai.
16. Extrémité du brai tendu.
17. Extrémité du brai tendu.
18. Oiseau pris par les pattes.
19. Autre poignée du brai.

PLANCHE 45.

N° 1. Arbret.
2. Dés pour tendre les gluaux.
3. Paumille.
4. Fil de fer qui sert à la paumille.
5. Gluau.
6. Cage d'appelant.
7. Plan d'une pipée.
8. Arbre de pipée.
9. Loge du pipeur.
10. Echelle.

PLANCHE 46.

N° 1. Tendue d'hiver.
2. Porte tendue.
3. Quatre-de-chiffre ordinaire.
4. Autre quatre-de-chiffre.
5. Traverse.
6. Marchette.
7. Panier à couver, pour les faisans.
8. Mue.
9. Caisse à faisans, brisée.
10. Couvercle de cette caisse, aussi brisé.
11. Caisse à faisans.

Errata.

Planche	N°	Au lieu de	Lisez
2.	6	Billot ou moulin	Billot ou moulinet.
id. 2.	6.	Simier	Limier.
id. 2.	11	Traversale	Transversale.
id. 3.	11	A la deuxième tête	A sa deuxième tête.
id. 3.	12	A la troisième tête	A sa troisième tête.
id. 3.	16	Fumée	Fumées.
id. 3.	17	Fumée formée	Fumées formées.
id. 3.	18	Fumée en bouzard	Fumées en bousards.
id. 3.	19	Fumée en platerie	Fumées en plateaux.
id. 6.	13	Lapin sauvage	Lapin sauvage ou de garenne.
id. 7.	5	Buze	Buse.
id. 8.	2	Balbuzard	Balbusard.
id. 8.	3	Buzard	Busard.
id. 8.	7	Hobreau	Hobereau.
id. 11.	3	Pic-vert	Pit-vert.
id. 11.	9	Verdier	Bruant.
id. 11.	10	Bruant	Verdier.
id. 12.	7	Egoulevent	Engoulevent.
id. 13.	5	Cuzelier	Cujelier.
id. 13.	8	Après le mot Cochevis *supprimez le premier* ou.	
id. 19.	5	Macreuse	Morillon.
id. 19.	6	Morillon	Macreuse.
id. 20.	13	Après Traquenard, *ajoutez* ou piége à poteau.	
id. 20.	15	Après Traquenard, *ajoutez* ou piége à poteau.	
id. 21.	8	Manchette	Marchette.
id. 22.	3	A la bascule	A bascule.
id. 35.	7	Vaches artificielles	Vache artificielle.
id. 36.	1	Cramail	Tramail.
id. 38.	5	Bizets	Bisets.
id. 42.	4	Traînans	Traînant.

1. Chien d'arrêt français.   2. Épagneul français.   3. Chien Griffon français.

1. Chien caniche. 2. Chien d'arrêt Anglais. 3. Chien couchant Anglais.

1. Chien d'Arrêt noir Anglais (Pointer). 2. Chien Matin. 3. Chien courant Normand.

1. Bassets à jambes droites. 2. Bassets à jambes torses. 3. Levrier ordinaire.

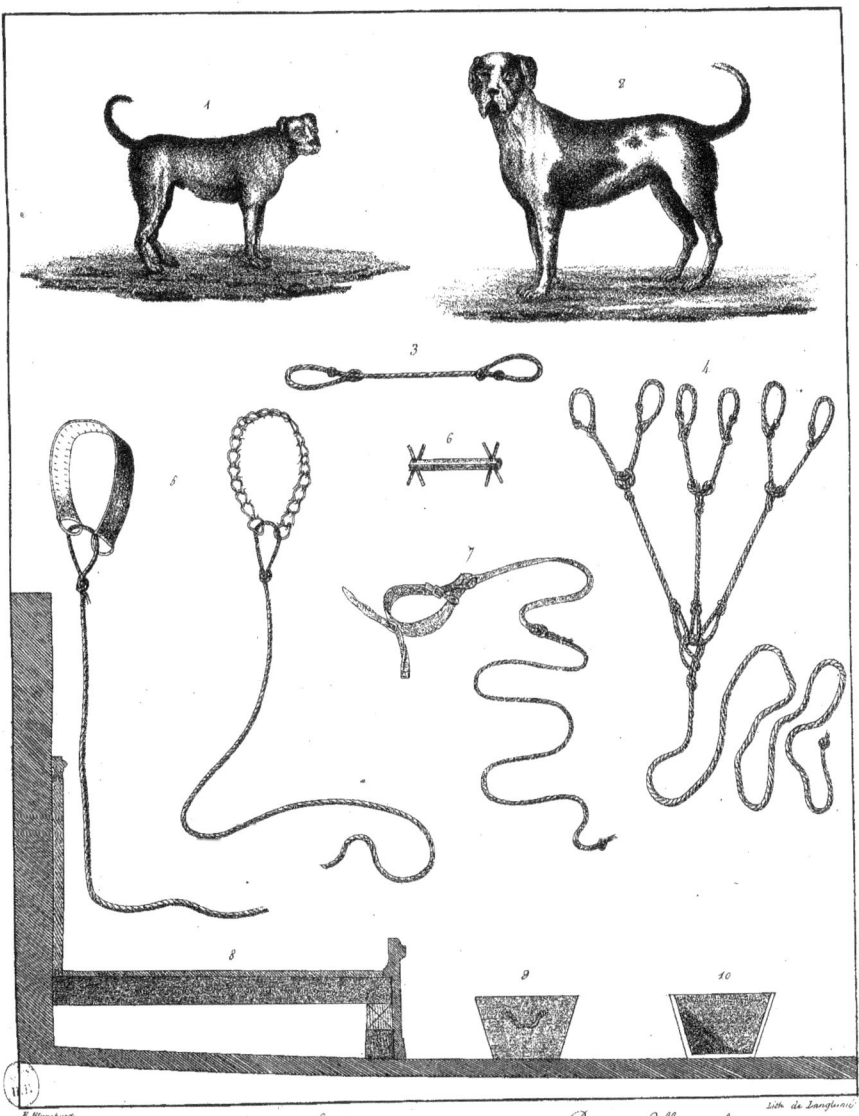

1 Le Dogue
2 Le Dogue de Forte race
3 Couple ou corde de crin pour accoupler deux chiens
4 harde pour conduire 6 chiens
5 Colliers de force
6 Billot ou moulin qu'on fait rapporter aux Chiens
7 Botte ou Collier de Simier
8 Profils des Tolacs ou lits de chiens
9 Face extérieure d'une auge
10 Coupe traversale de la même auge

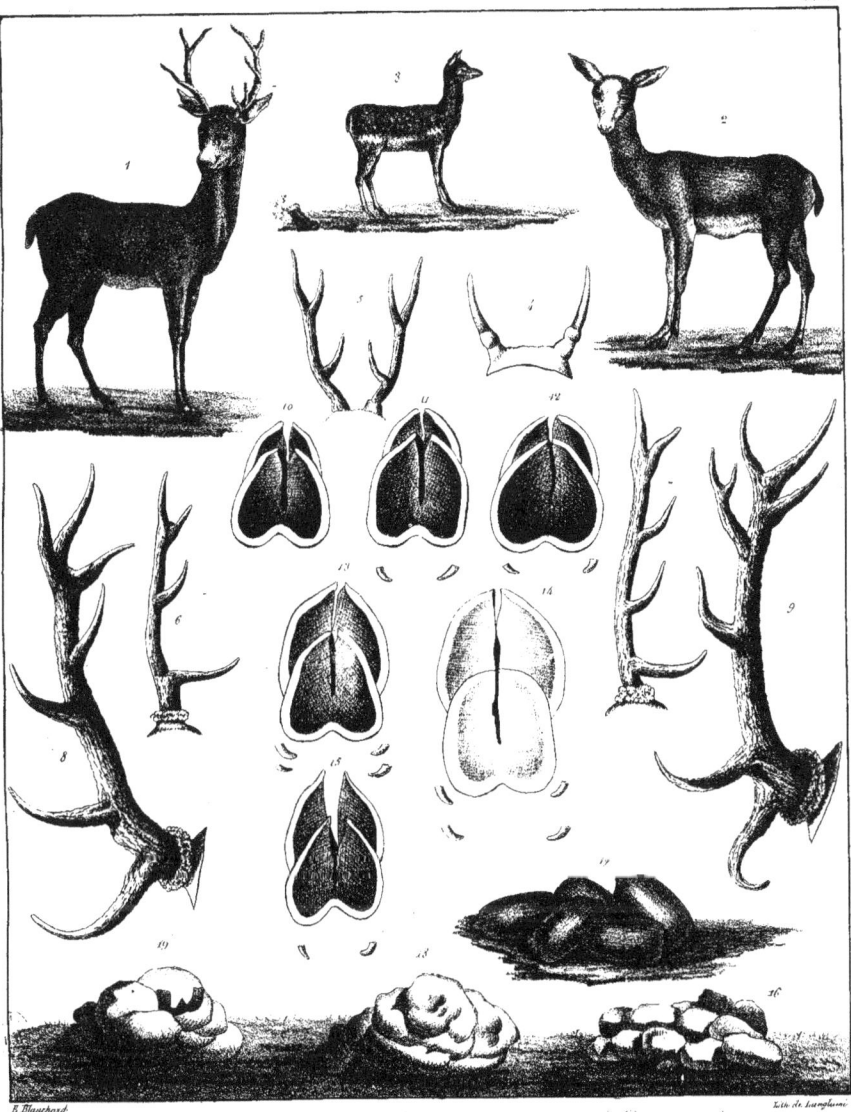

B. Blanchard.   Lith. de Langlumé.

1 Le Cerf
2 La Biche
3 Le Faon
4 Tête de Daguet
5 Seconde tête
6 Moitié d'une 3ᵉ

7 Moitié d'une 4ᵉ
8 Dix cors jeunement
9 Cerf dix cors
10 Pied d'un Daguet
11 Pied d'un Cerf à la 2ᵉ tête
12 Pied d'un Cerf à la 3ᵉ tête

13 Pied d'un cerf 10 cors jeunemens
14 Pied d'un Cerf 10 cors
15 Pied d'une biche
16 Fumée en chapelet
17 Fumée formée
18 Fumée en bousard
19 Fumée en platerie

1. Le Daim.
2. La Daine.
3. Le Chevreuil.
4. La Chevrette et son Faon.
5. Pied d'un jeune Chevreuil.
6. Pied d'un Chevreuil dix cors.
7. Le Bouquetin.
8. Le Chamois.

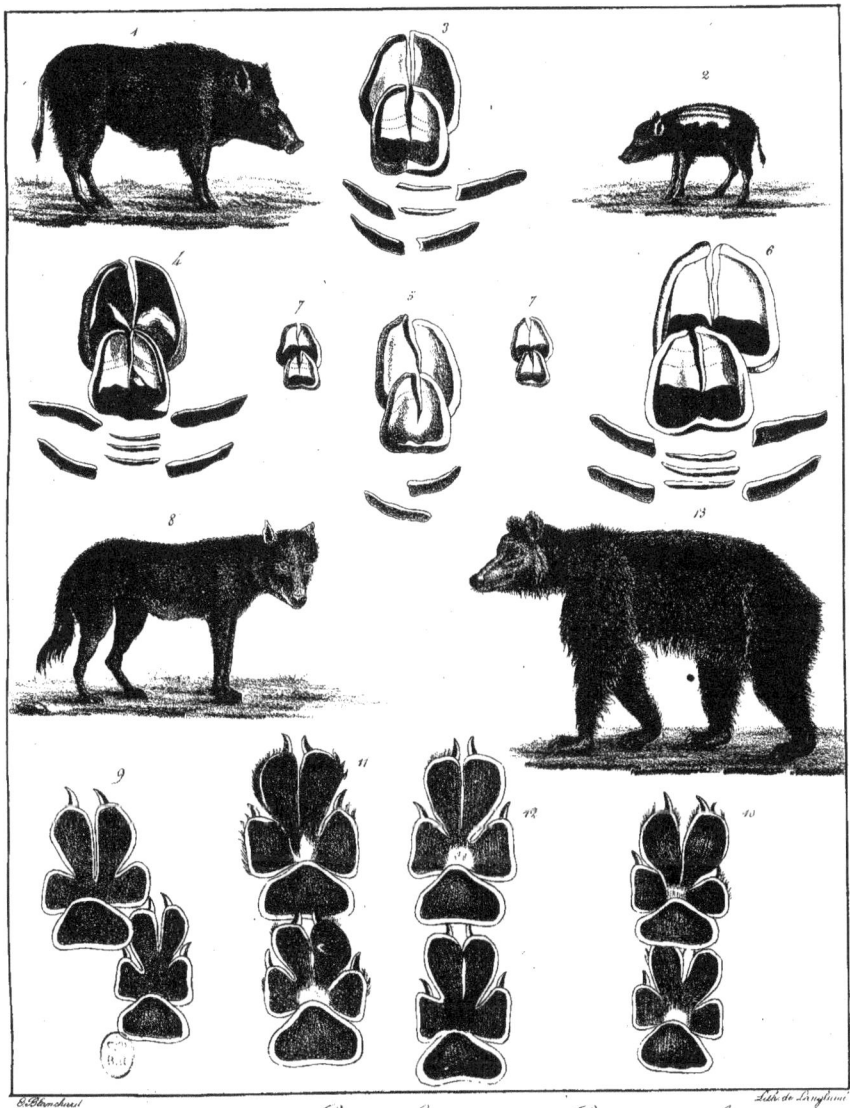

1 Le Sanglier
2 Le Marcassin
3 Pied d'un jeune Sanglier
4 Pied d'un Quartan
5 Pied d'une Laie
6 Pied d'un vieux Sanglier
7 Pied d'un Marcassin
8 Le Loup
9 Pied d'un jeune Loup
10 Pied d'une jeune Louve
11 Pied d'un vieux Loup
12 Pied d'une vieille Louve
13 Ours

1. Le Renard.
2. Pied du Renard.
3. Le Blaireau.
4. Pied du Blaireau.
5. La Loutre.
6. La Fouine.
7. Le Putois.
8. Le Furet.
9. La Belette.
10. Le Lièvre.
11. Pied du Lièvre.
12. Pied de la hare.
13. Lapin sauvage.
14. Pied du Lapin.
15. Pied du chat.

1. L'Aigle commun.
2. le Vautour.
3. l'Orfraie.
4. Le Milan royal.
5. la Buse.
6. le Gerfaut.
7. l'Épervier.
8. l'Autour.

Pl. 8.

1. Le Lanier.
2. le Balbuzard.
3. le Buzard.
4. le Faucon sors.
5. le Faucon hagard.
6. la Soubuse.
7. Le Hobreau.
8. l'Emerillon.
9. la Cresserelle.

1. La Pie grièche grise. 4. Le Chat huant. 7. La Chevêche.
2. Le Hibou ou moyen duc. 5. L'Orfraie. 8. Le Corbeau.
3. Le Milan. 6. La Chouette. 9. La Corbine ou corneille noire.

1. Le Freux.
2. le Choucas.
3. la Corneille mantelée.
4. la Chouquard.
5. Le Geai.
6. la Pie.
7. le Rollier d'Europe.
8. le Loriot.
9. Le Torche pot ou Sitelle.
10. le petit Grimpereau de France.
11. le Grimpereau de muraille.
12. le Couroue.

Pl. 11.

C. Blanchard.   Lith. de Langlumé, rue de l'Abbaye, n° 4.

1. Le Torcol.
2. L'Epeiche.
3. Le Pic-Vert.
4. Le Gros-Bec.
5. Le Martin-Pêcheur.
6. Le Bouvreuil.
7. L'Ortolan.
8. L'Ortolan des Roseaux.
9. Le Verdier.
10. Le Bruant.
11. L'Ortolan de Lorraine.
12. Le Proyer.

1. Le Pinçon.
2. Le Pinçon des Ardennes.
3. Le Moineau.
4. Le Friquet.
5. La Linotte.
6. Le Chardonneret.
7. L'Engoulevent ou Tête-Chèvre.
8. La Grive.
9. La Rousserolle.
10. La Litorne.
11. Le Mauvis.
12. La Draine.

Pl. 13

1. Le Merle.
2. Le Gobe-mouche de Lorraine.
3. Le Gobe-mouche commun.
4. L'Étourneau.
5. le Cujelier.
6. l'Alouette.
7. la Farlouse ou l'Alouette des prés.
8. le Cochevis ou la grosse Alouette huppée.
9. la Lavandière.
10. la Bergeronnette du printems.
11. la Bergeronnette jaune.
12. le Rossignol.

Pl. 14

1. La Fauvette.
2. La Fauvette des Alpes.
3. Le Traine-Buisson ou Fauvette d'hyver.
4. Le Bec-Figue.
5. Le Rouge gorge.
6. Le Motteux ou Cul-blanc.
7. La Mésange Charbonnière.
8. La Nonette cendrée.
9. La Mésange bleue.
10. La Mésange huppée.
11. Le Biset.
12. Le Ramier.

1. La Tourterelle commune.
2. Le Faisan.
3. Le Coquard.
4. Le Tétras ou grand Coq de Bruyère.
5. La Poule de Bruyère.
6. Le Petit Tétras ou Coq de Bruyère à queue fourchue.
7. La Femelle du Coq de Bruyère.
8. La Gelinotte des Bois.

Pl. 16

1. Le Ganga ou Gelinotte des Pyrenées.
2. La Perdrix grise.
3. La Perdrix de Montagne.
4. La Perdrix rouge.
5. La Bartavelle.
6. La Caille.
7. La petite Outarde ou Canepetière.
8. L'Outarde.
9. La Grue.

Pl. 17

1. La Cigogne.
2. Le Butor.
3. Le Héron.
4. Le Courlis.
5. La Bécasse.
6. La Bécassine.
7. Le Chevalier aux pieds rouges.
8. Le Bécasseau.
9. La Guignette.

1. Le Vanneau.
2. Le Pluvier à collier.
3. Le Pluvier doré.
4. Le Grand Pluvier ou Courlis de terre.
5. Le Râle de terre ou de Genet.
6. Le Râle d'eau.
7. La Poule d'eau.
8. La Foulque ou Morelle.
9. Le Grèbe.

Pl. 19.

1. Le Castagneux.
2. Le Plongeon.
3. L'Avocette.
4. Le Canard.
5. La Macreuse.
6. Le Morillon.
7. La Sarcelle. (mâle)
8. La Sarcelle. (femelle)
9. Le Macareux.

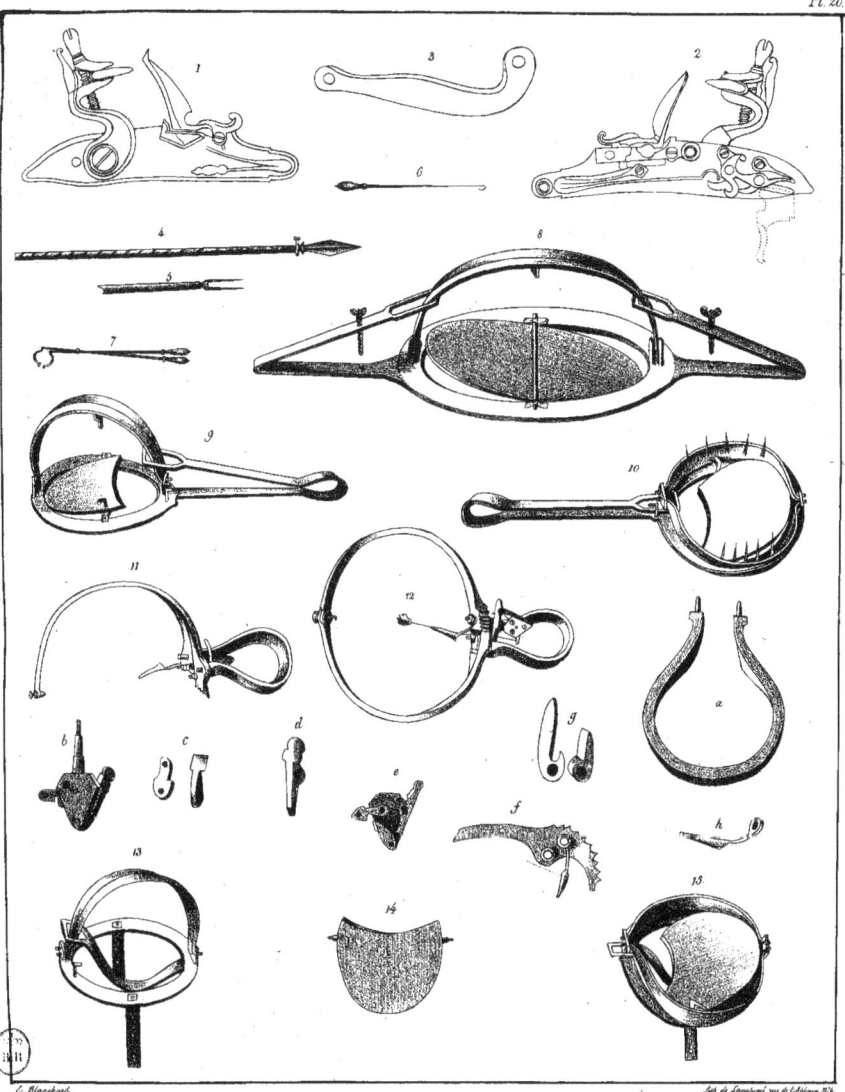

C. Blanchard.   Lith. de Langlumé, rue de l'Abbaye, N° 4.

1. Platine vue en dessus.
2. Platine vue en dedans.
3. Contre platine.
4. Épieu pour la chasse au Sanglier.
5. Fourche pour la Chasse du Blaireau.
6. Crochet pour la Chasse du Blaireau.
7. Pince à Blaireau.
8. Traquenard double à bascule détendu.
9. Traquenard simple à bascule détendu.
10. Traquenard simple à bascule tendu.
11. Traquenard à queue détendu.
12. Traquenard à queue tendu.
13. Traquenard à poteau.
14. Moarchette.
15. Traquenard à Poteau tendu.

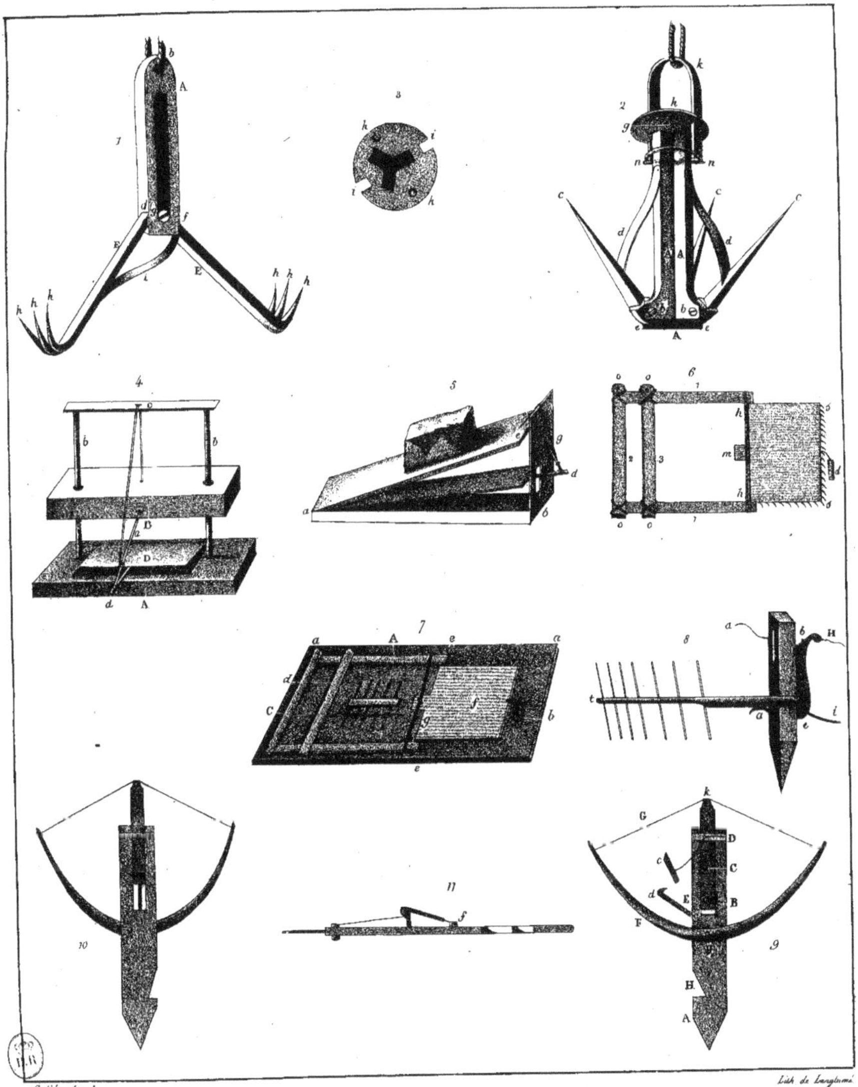

Pl. 21.

C. Blanchard.   Lith. de Langlumé.

1. Hameçon français.
2. id. allemand.
3. ... de ce dernier.
4. Assommoir.
5. Assommoir.
6. Assommoir du Mexique qui se tend en dehors.
7. id. id. qui se tend en dedans.
8. Manchette de l'Assommoir et le détraquement.
9. Arbalète.
10. Le même piège tendu.
11. Profil de ce piège.

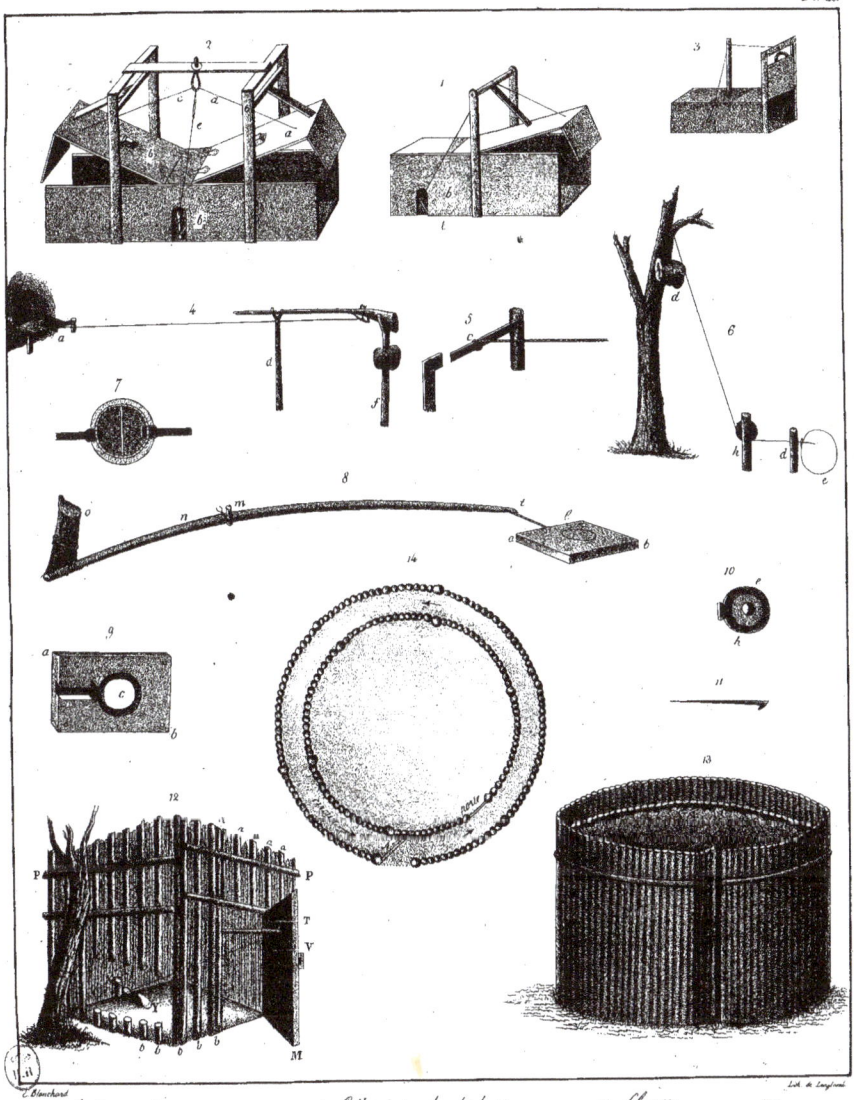

1. Trébuchet simple.
2. id. double.
3. id. à la bascule.
4. Fusil monté sur des Fourches.
5. Bâti en bois servant à l'appareil.
6. Collet à prendre les loups.
7. Assiette de fer.
8. Piège ou Lacet à Renard.
9. Planche servant à ce piège.
10. Pièce mobile.
11. Clavette.
12. Chambre à prendre les loups.
13. Double enceinte.
14. Géométral de cette enceinte.

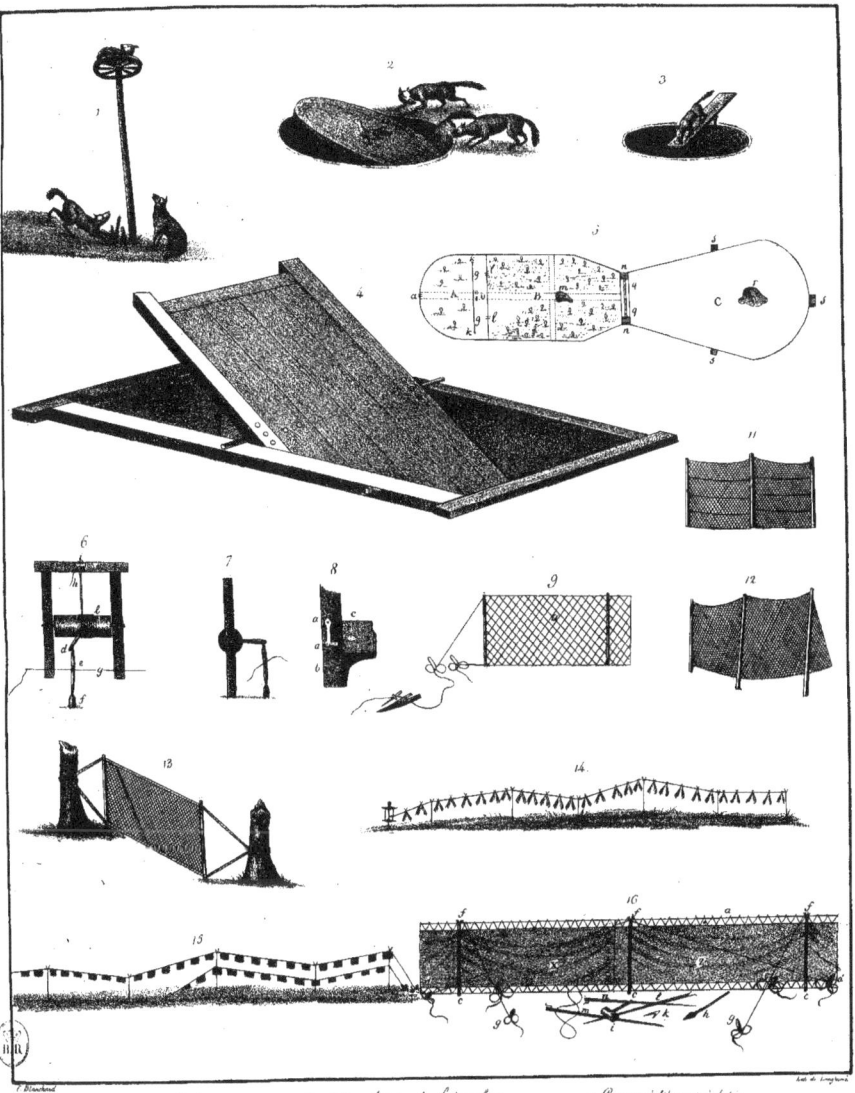

Pl. 23

1. Trappe masquée au pied d'un poteau.
2. id. mobile
3. id. à fosse découverte.
4. Autre Trappe.
5. Enceinte où les Sangliers se prennent d'eux-mêmes.
6. Appareil à prendre les sangliers.
7. id. vu de côté.
8. id. id.
9. Panneau pour Cerf.
10. Piquet.
11. Panneau à lièvre et à Lapin.
12. Panneau à lièvre et à lapin.
13. id. id. id.
14. Corde garnie de plumes.
15. id. id. de morceaux de drap.
16. Toiles et instrumens pour former des enceintes.

Enceintes en toiles pour les grandes chasses en Allemagne.

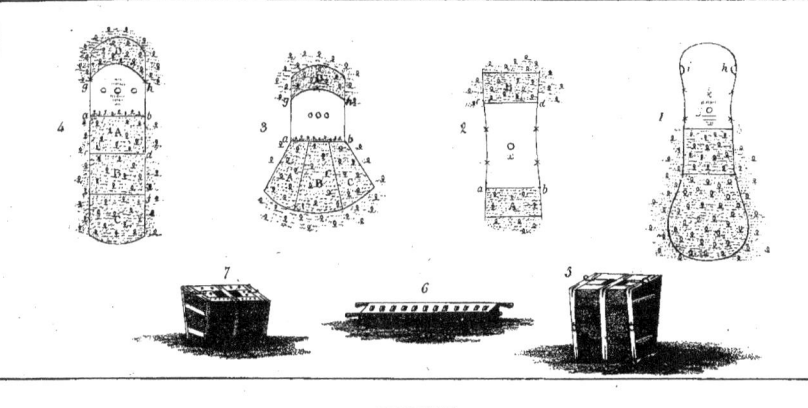

L'APPEL.

Pour appeler à soi les chasseurs, relais, ou réunir sur un point tout l'équipage, ou partie de l'équipage.

LE REQUÊTÉ.

Pour appeler les chiens à soi, et les exciter à requêter.

LA VUE

Pour indiquer qu'on a aperçu l'animal.
On sonne ensuite une des fanfares qui désigne la tête de l'animal.

1,1.
2.} Enceintes en toiles et filets pour les grandes chasses en Allemagne.
3.
4.} Autres enceintes pour la séparation des animaux.

5. Caisse à transporter les Cerfs.
6. id. id. les Lievres.
7. id. id. les Sangliers.

Pl. 28

LA 3.e TÊTE ou *Dauphine*.
Quand les Chiens chassent un Cerf à sa 3.e Tête.

LA 2.e TÊTE ou *Discrète*.
Quand les Chiens attaquent un Cerf à sa 2.e Tête.

LE DAGUET ou *Fanfare de la Reine*.
Quand les Chiens chassent un Cerf Daguet.

LA RETRAITE MANQUÉE.
Quand on a chassé sans rien prendre.

LA RETRAITE PRISE.
Quand on a pris l'animal qu'on chasse.

Lith. de Langlumé.

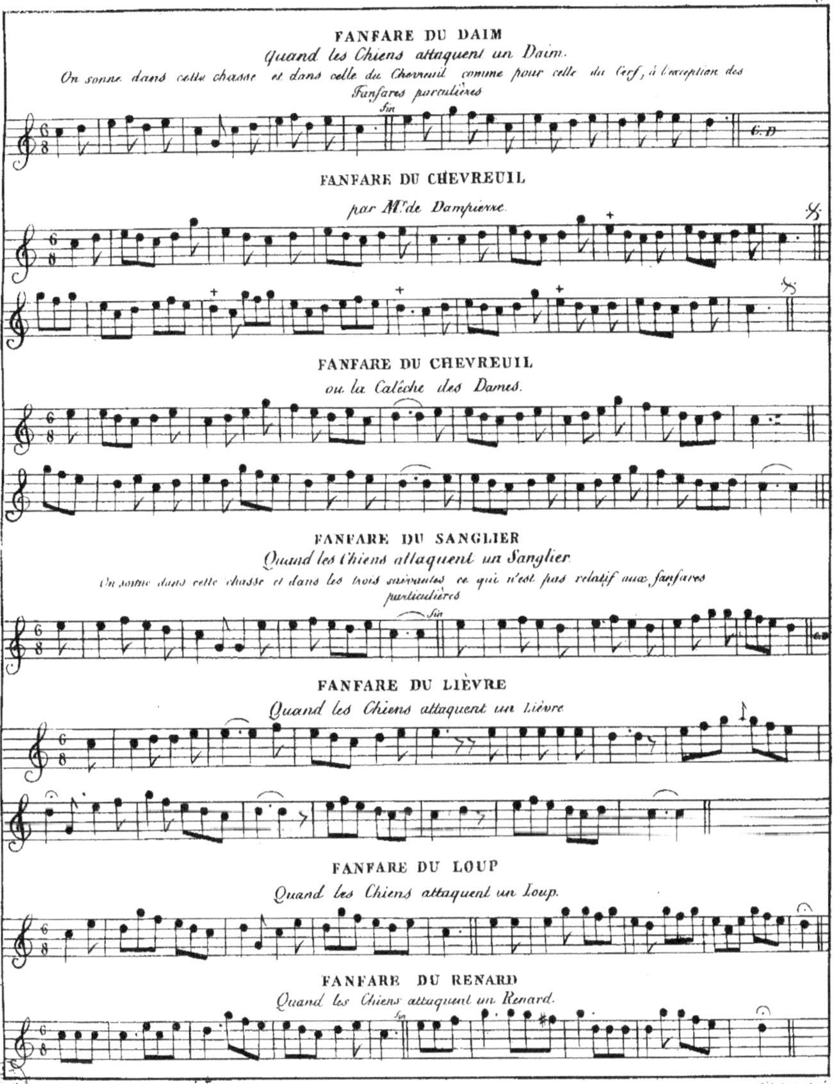

FANFARE DU DAIM
Quand les Chiens attaquent un Daim.
On sonne dans cette chasse et dans celle du Chevreuil comme pour celle du Cerf, à l'exception des Fanfares parculières
Fin
C. D
FANFARE DU CHEVREUIL
par M.r de Dampierre.
FANFARE DU CHEVREUIL
ou la Calèche des Dames.
FANFARE DU SANGLIER
Quand les Chiens attaquent un Sanglier.
On sonne dans cette chasse et dans les trois suivantes ce qui n'est pas relatif aux fanfares particulières
Fin
FANFARE DU LIÈVRE
Quand les Chiens attaquent un Lièvre.
FANFARE DU LOUP
Quand les Chiens attaquent un Loup.
FANFARE DU RENARD
Quand les Chiens attaquent un Renard.
Fin

Lith. de Langlumé.

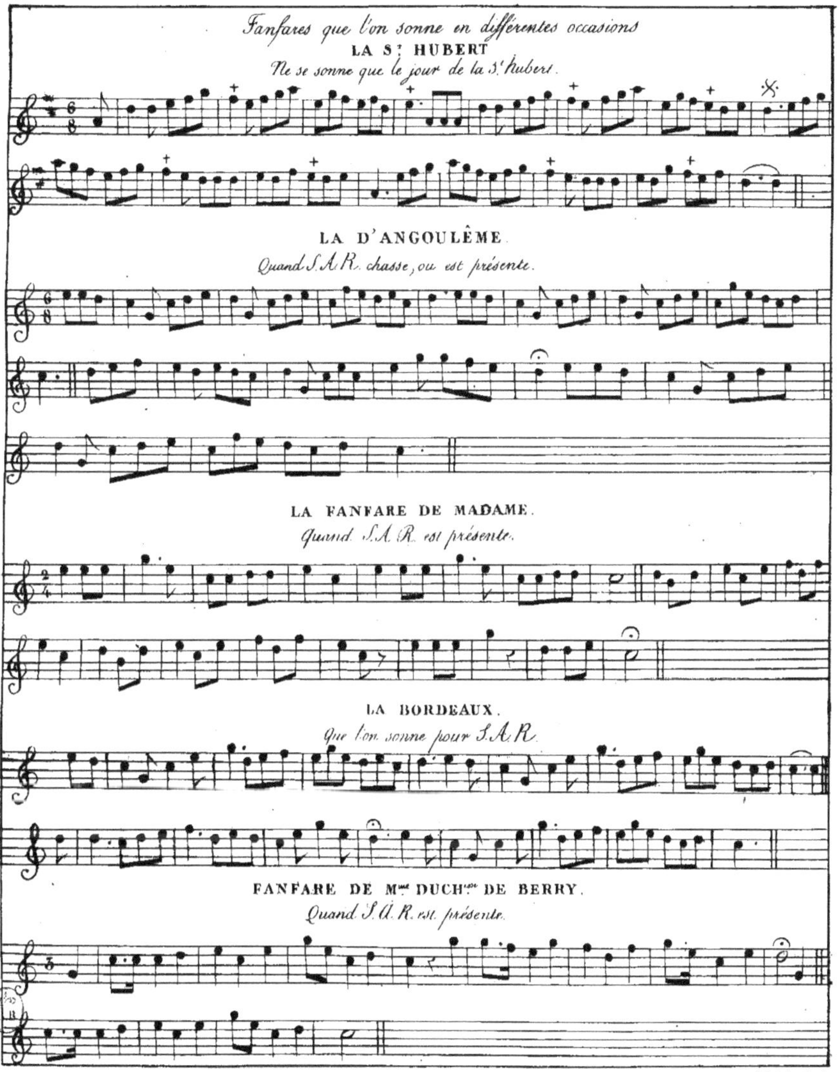
Fanfares que l'on sonne en différentes occasions
LA S.t HUBERT
Ne se sonne que le jour de la S.t Hubert.
LA D'ANGOULÊME.
Quand S.A.R. chasse, ou est présente.
LA FANFARE DE MADAME.
Quand S.A.R. est présente.
LA BORDEAUX.
Que l'on sonne pour S.A.R.
FANFARE DE M.me DUCH.sse DE BERRY.
Quand S.A.R. est présente.

Lith. de Langlumé.

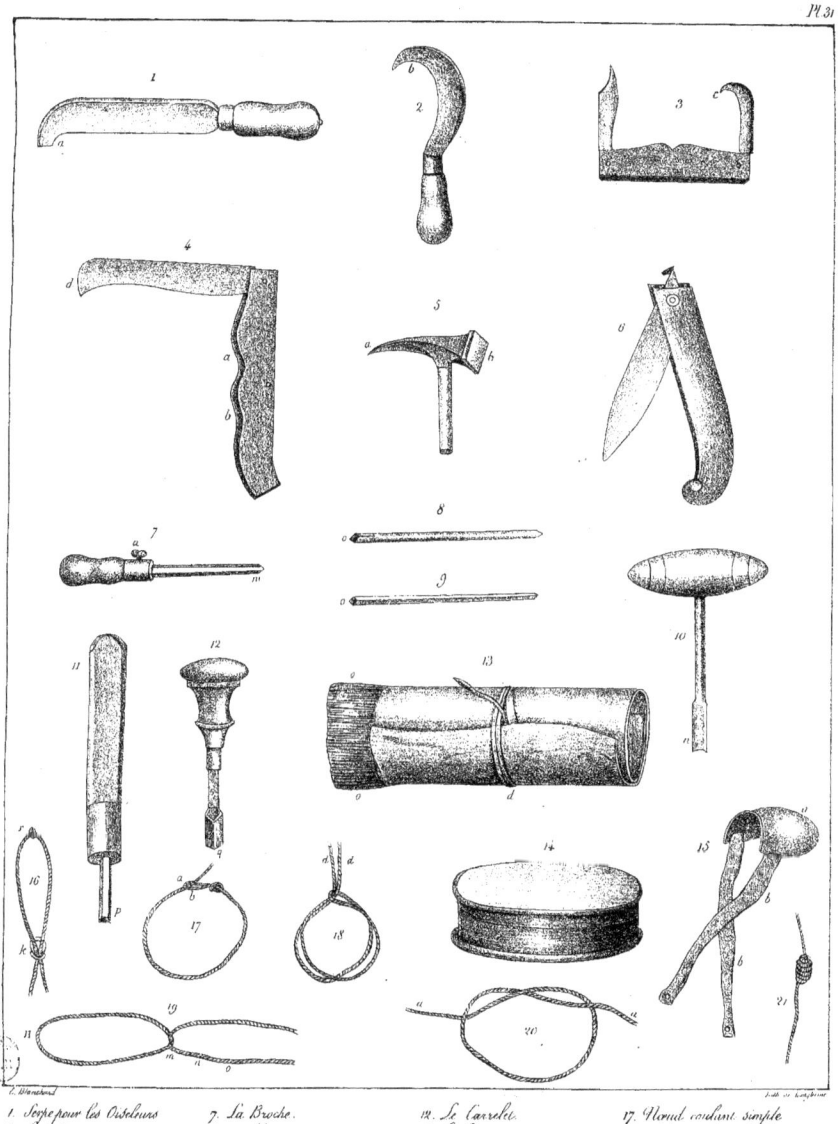

1. Serpe pour les Oiseleurs
2. Serpette
3. Curoir
4. Couteau Cisnard
5. La Masse à Pic
6. Couteau Eustache
7. La Broche
8. id
9. id
10. Le perçoir
11. Le Ciseau plat
12. Le Carrelet
13. Le Carton
14. La Boîte
15. La Genouillère
16. Le Nœud fixe
17. Nœud coulant simple
18. id id double
19. Nœud chainette
20. id proprement dit
21. id des Capucins

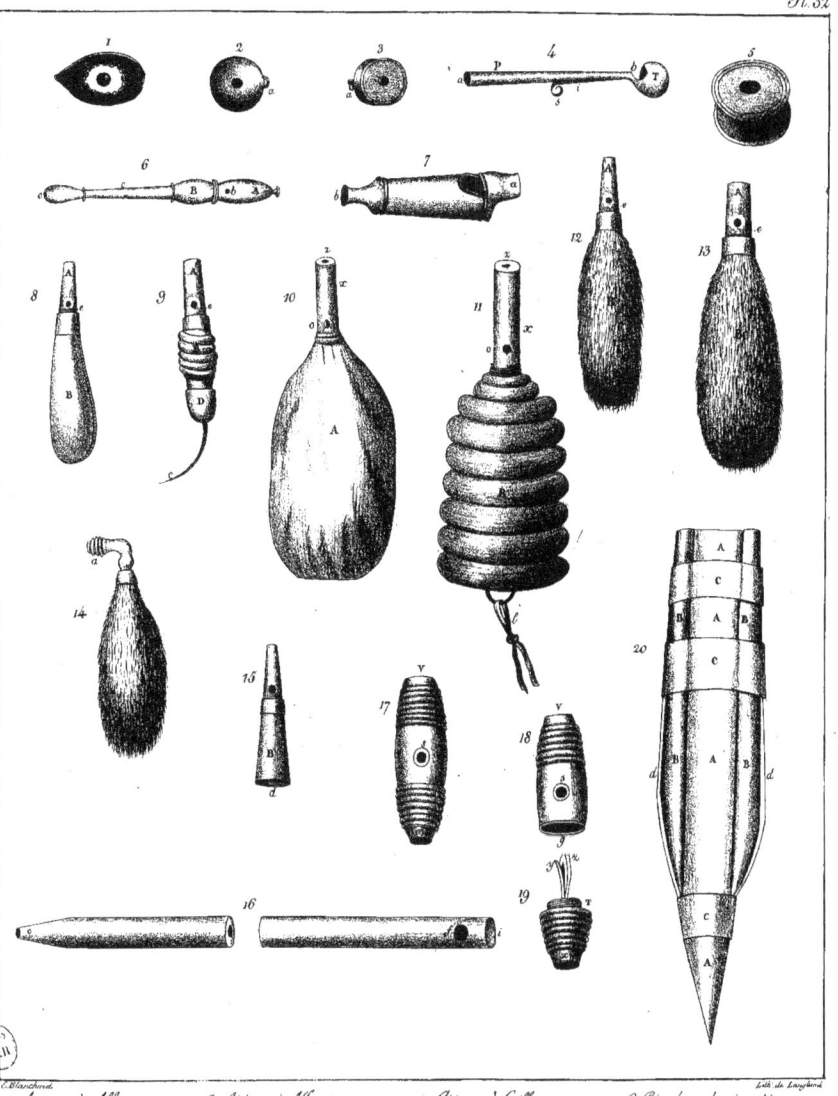

1. Appeau à Alouettes.
2. id. id.
3. id. id.
4. id. id.
5. id. à Bec Figues.
6. Appeau à Alouettes.
7. id. à Bécasses.
8. id. à Cailles.
9. id. id.
10. id. id.
11. Appeau à Cailles.
12. id. id.
13. id. id.
14. id. id.
15. Pièce de ce dernier appeau.
16. Pièce de ce dernier appeau.
17. Appeau à Canards.
18. Pièce de cet appeau.
19. id. id.
20. Autre appeau à Cailles.

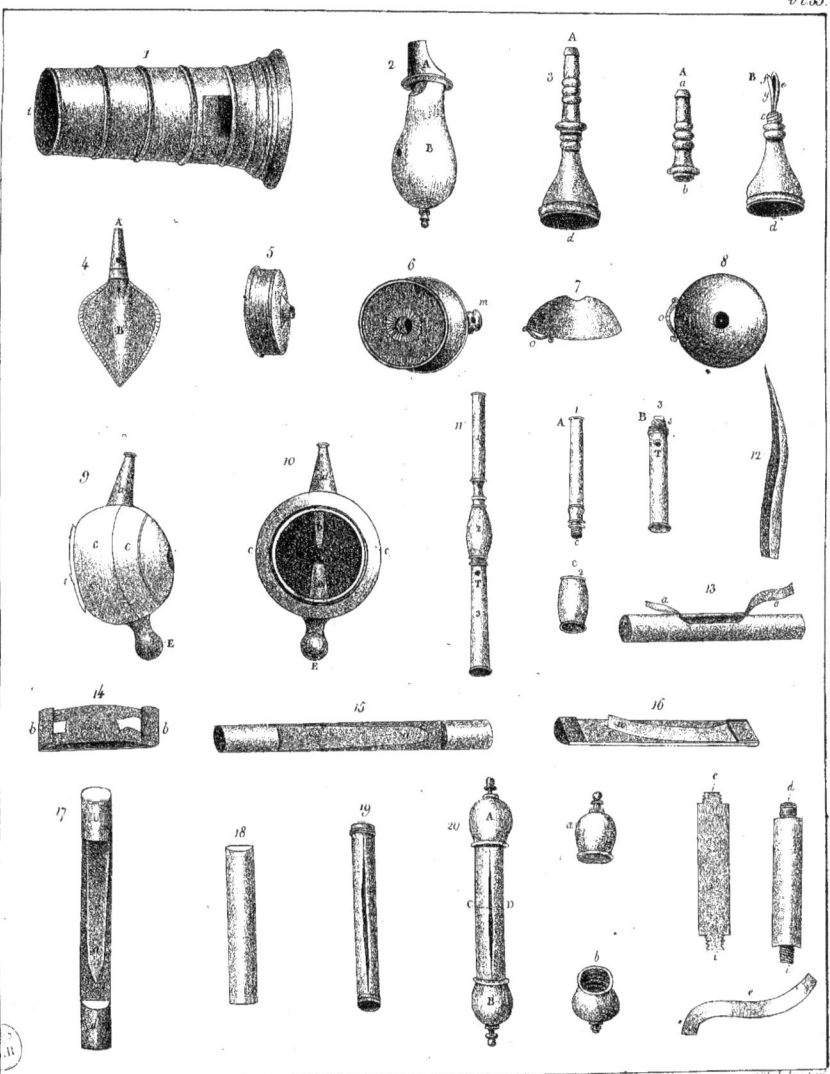

1. Appeau à Chouette.
2. id.   id.
3. id. à Coqs de Bruyères.
4. id. à Grives.
5. id. à Perdrix grises.
6. Appeau à Perdrix grises.
7. id.   id.
8. id.   id.
9. id. à Perdrix rouges.
10. id.   id vu de face.
11. Appeau à petits oiseaux.
12. id. à pipée.
13. id.   id.
14. id.   id.
15. id.   id.
16. Appeau à pipée.
17. id. à languette.
18. id.   id.
19. id.   id.
20. id. à Chouette.

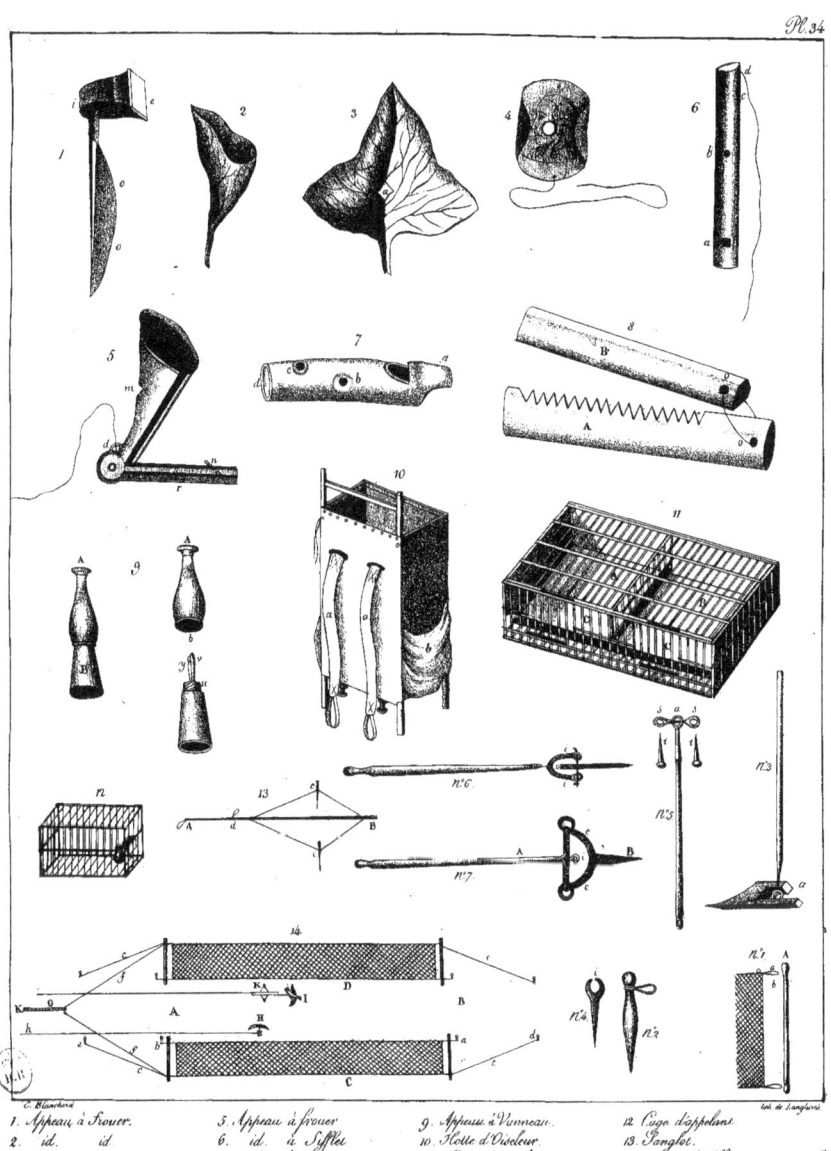

1. Appeau à Frouer.
2. id.   id.
3. id.   id.
4. id.   id.
5. Appeau à frouer.
6. id.   à Sifflet.
7. id.   à pluviers.
8. id.   à Râle de genêt.
9. Appeau à Vanneau.
10. Hotte d'Oiseleur.
11. Cage d'appelant ou Égrainoir.
12. Cage d'appelant.
13. Sanglot.
14. Nappes à Alouettes et ustensiles pour cette chasse.

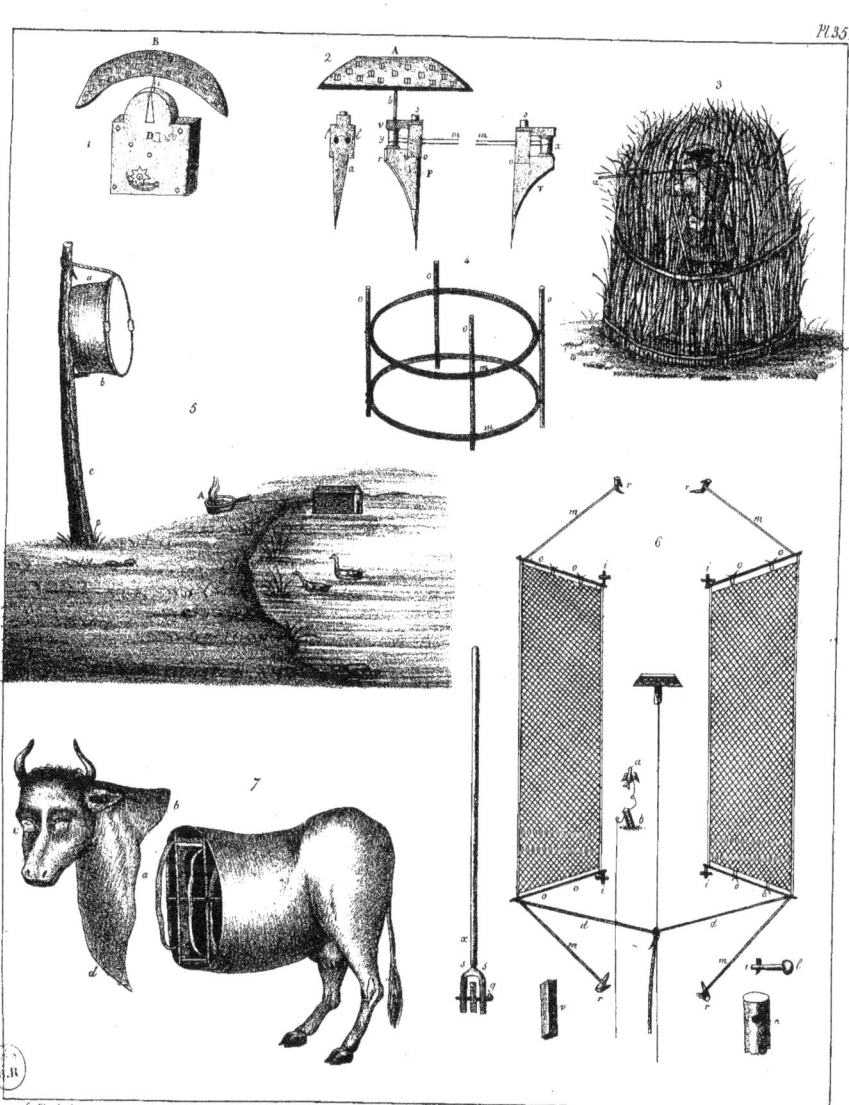

1. Miroir à allouettes.
2. id.   id.
3. Hutte ambulante.
4. Carcasse de la hutte.
5. Réverbère pour les Canards.
6. Disposition des Filets pour prendre les allouettes.
7. Vaches artificielles.

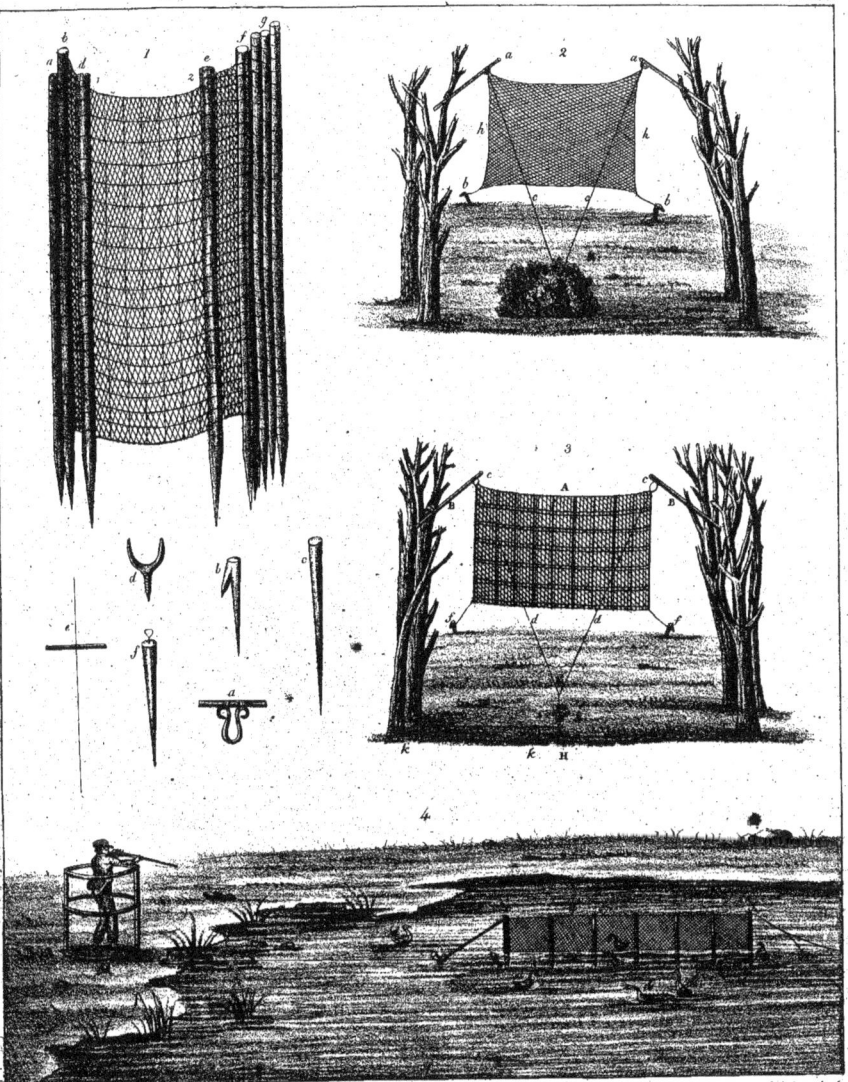

Pl. 36.

1. Hallier ou Cramail.
2. Pantière simple.
3. Pantière Contremaillée.
4. Nappes à Canards.

Pl. 37

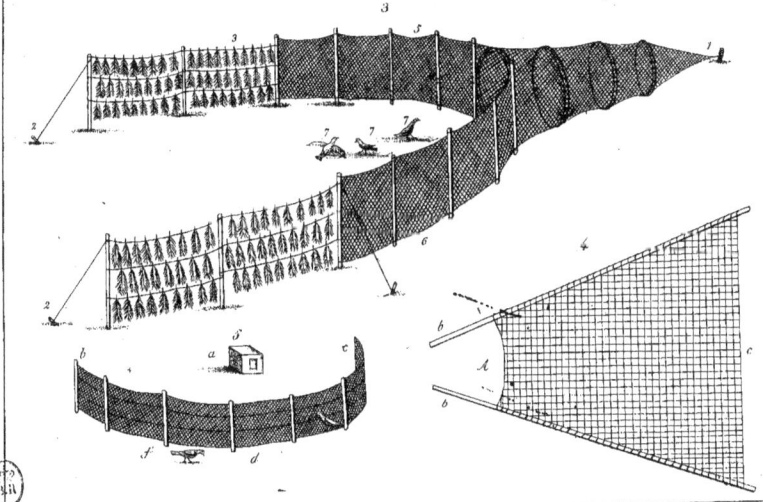

1. Traineau simple
2. id composé
3. Tonnelle
4. Traineau portatif
5. Filet pour la chasse aux perdrix

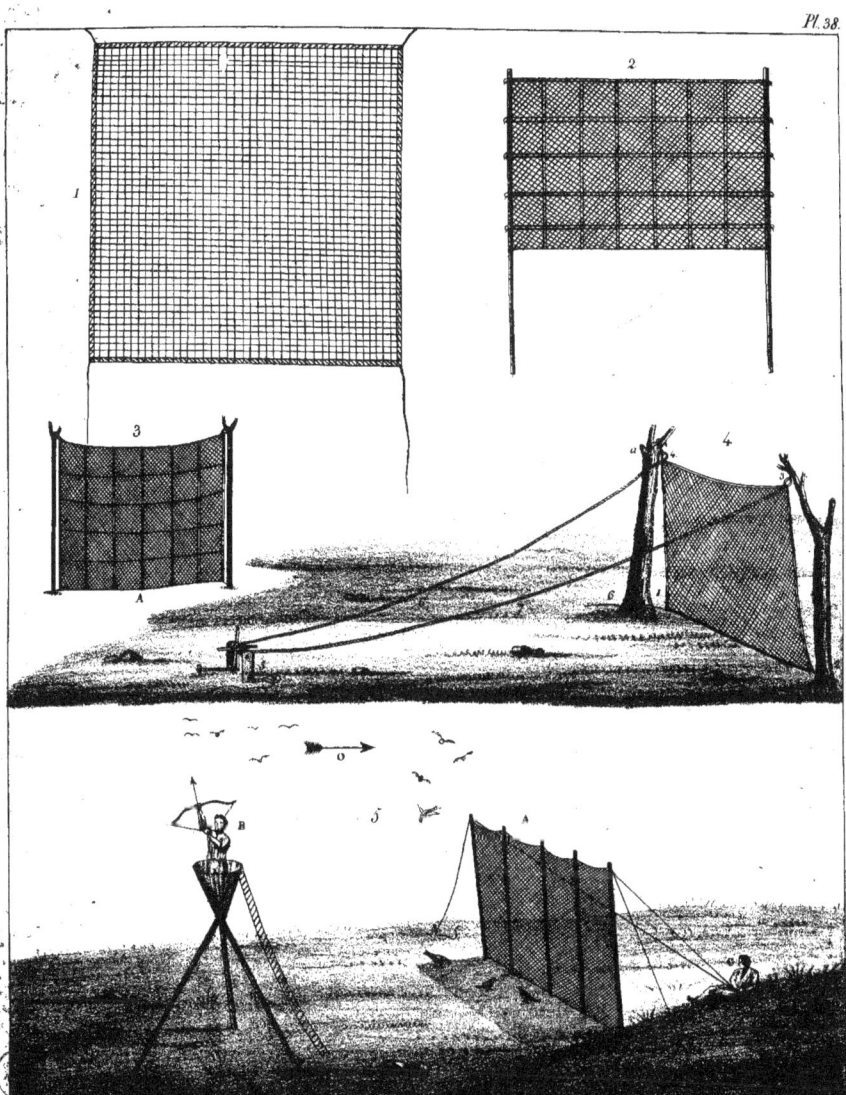

1. Terasse.
2. Rafle.
3. Araigne.
4. Chasse des Bécasses à la Pissée.
5. Chasse des Bizets, Ramiers et tourterelles.

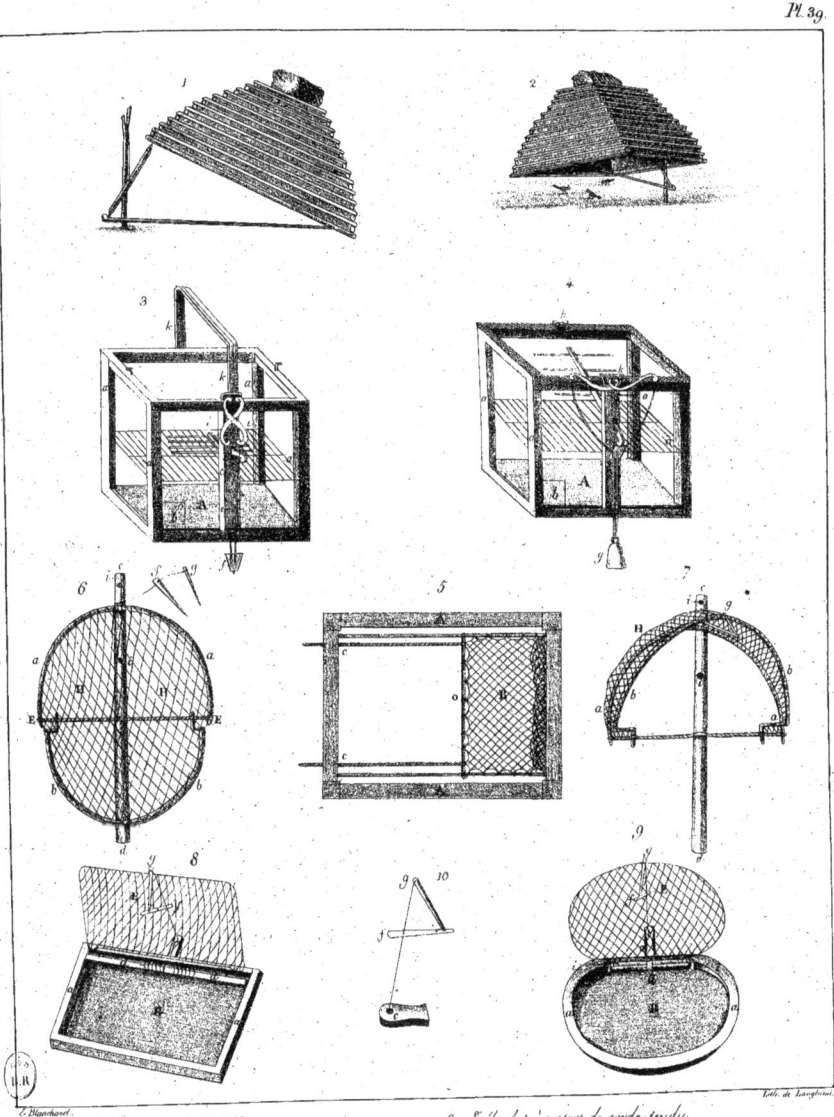

1. Trébuchet fait avec des bâtons.
2. id.   id.
3. id. pour prendre les oiseaux de proie.
4. id.   id.
5. id. à rideau.
6. Trébuchet à ressort de corde, tendu.
7. id.   id.   détendu.
8. id. à Rossignol.
9. id.   id.
10. Pièce du Trébuchet à Rossignol.

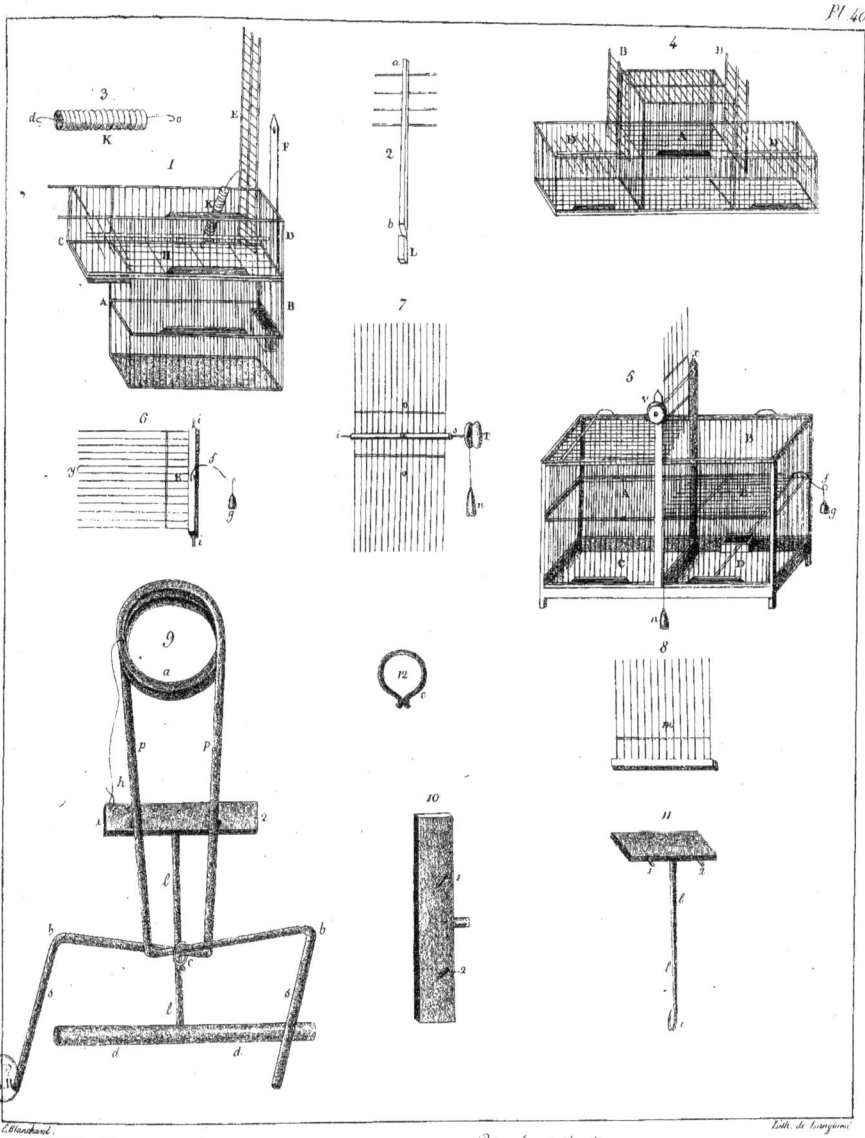

1. Trébuchet à battant simple.
2. Pièce de ce trébuchet.
3. id. id.
4. Trébuchet à battant double.
5. id. sans fin.
6. Pièce de ce trébuchet.
7. Pièce de ce trébuchet.
8. id. id.
9. Pince d'Alvaski.
10. Pièce de cet instrument.
11. id. id.
12. id. id.

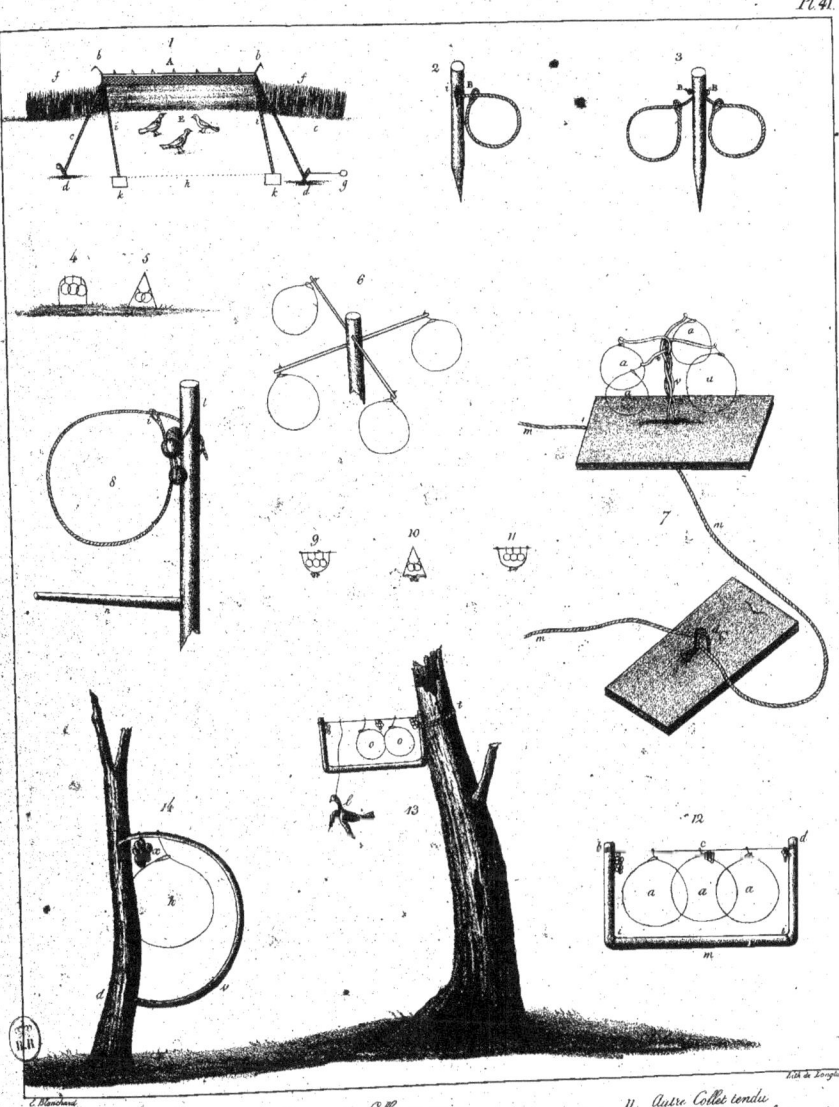

1. Abreuvoir.
2. Collet à piquet simple.
3. id. id. double.
4. id. isolé en arc.
5. id. id. en triangle.
6. Collet en croix.
7. id. pour la glanée.
8. id. à marchette.
9. id. pendu à un arc.
10. id. id. à un triangle.
11. Autre Collet tendu.
12. Collet à support volant.
13. Le même mis en action.
14. Autre Collet.

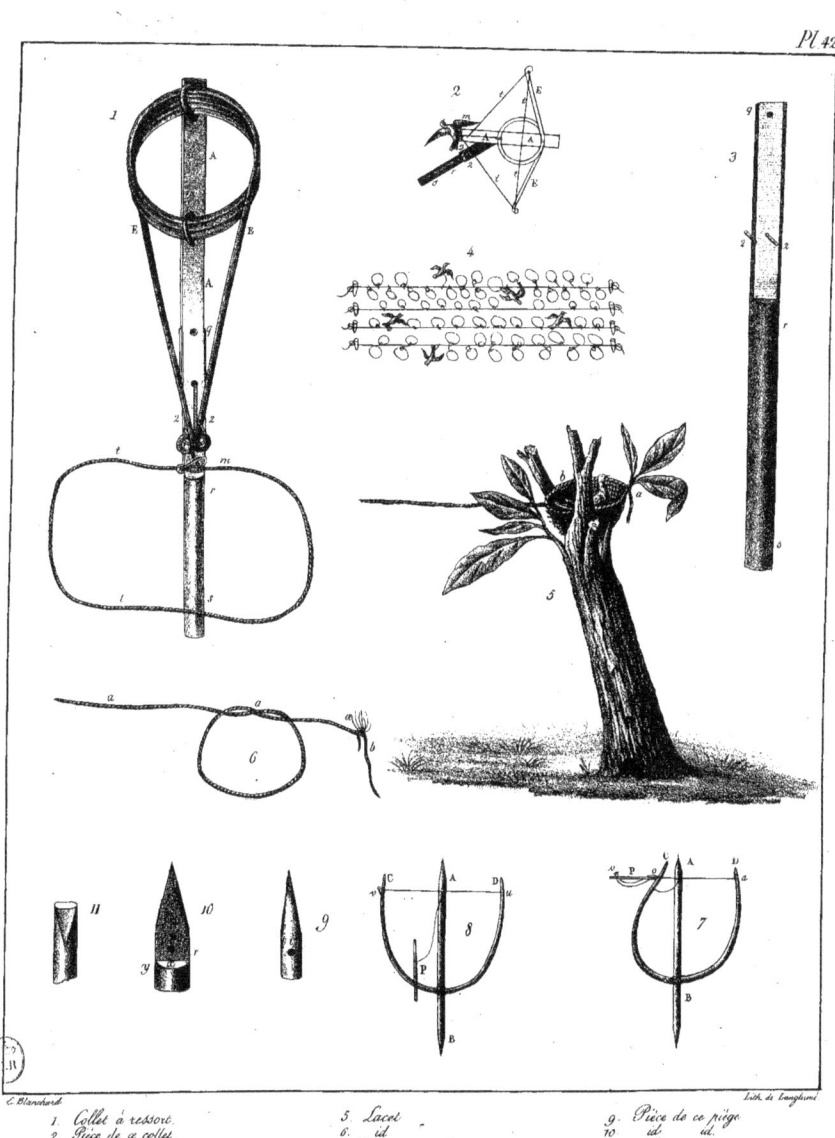

1. Collet à ressort.
2. Pièce de ce collet.
3. id. id.
4. Collet traînans
5. Lacet
6. id.
7. Raquette tendue.
8. id. détendue.
9. Pièce de ce piège.
10. id. id.
11. id. id.

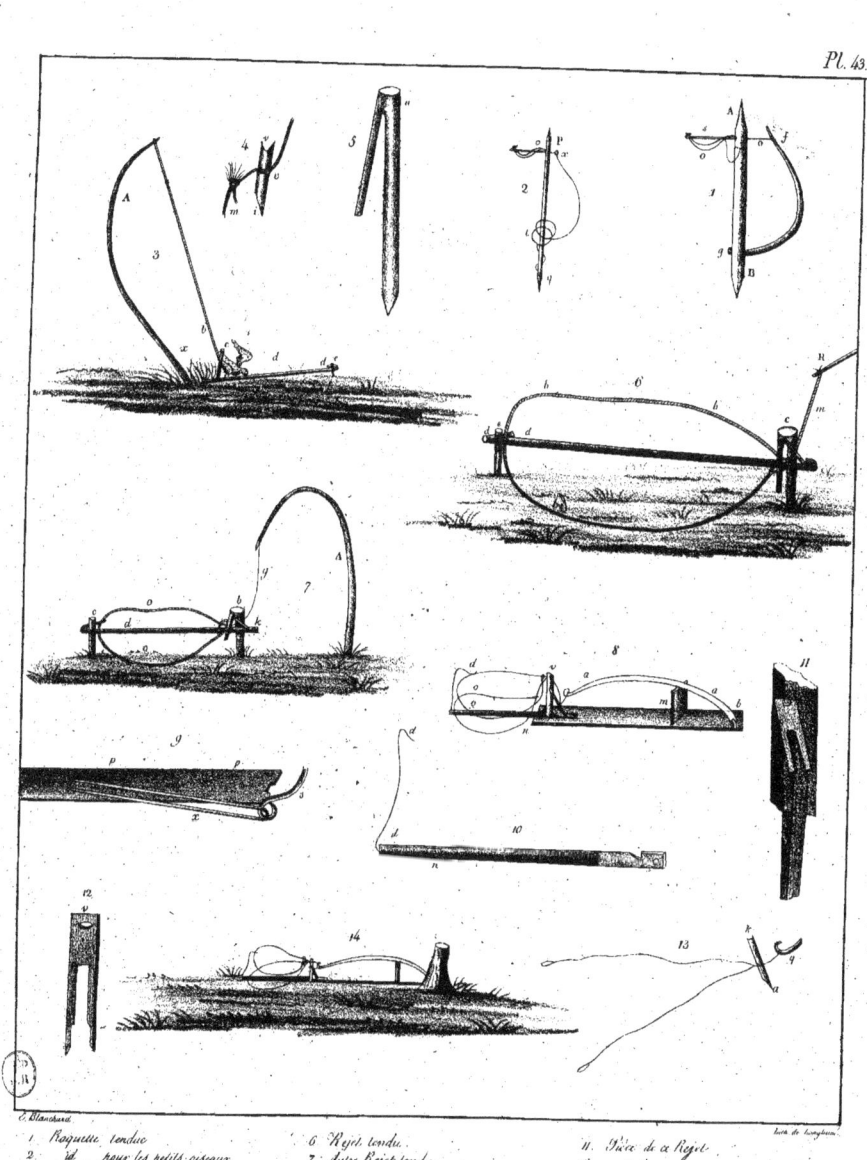

Pl. 43.

1. Raquette tendue.
2. id. pour les petits oiseaux.
3. Rejet corde à pied détendu.
4. Détente.
5. Piquet à crochet.
6. Rejet tendu.
7. Autre Rejet tendu.
8. Rejet portatif.
9. Pièce de ce rejet.
10. id.
11. Pièce de ce Rejet.
12. id.
13. id.
14. ce Rejet tendu.

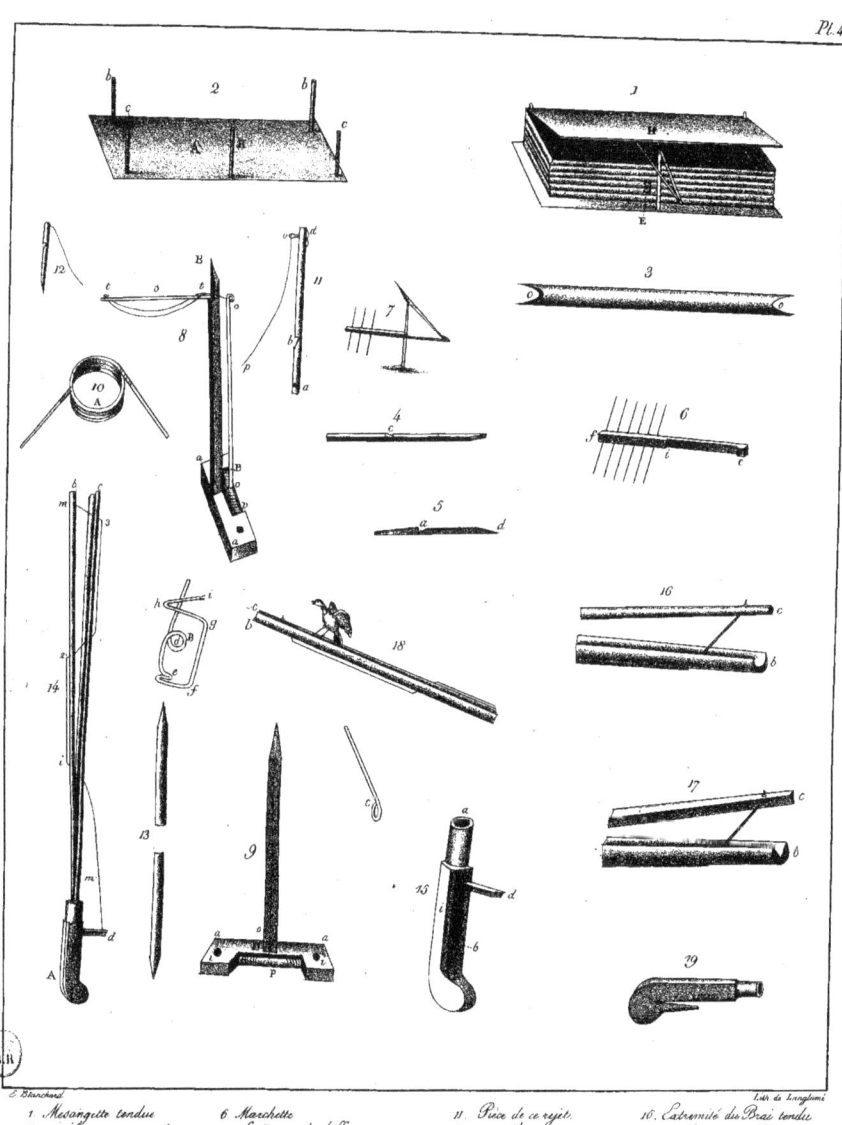

Pl. 44

1. Mésangette tendue
2. id. commencée
3. Bâton
4. Pivot d'un quatre de chiffre
5. Son support
6. Marchette
7. Le Quatre de chiffre
8. Rejet à ressort à boudin tendu
9. id. id. non tendu
10. Rejet portatif de fil de fer
11. Pièce de ce rejet
12. id. id.
13. id.
14. Brai
15. Poignée du Brai
16. Extrémité du Brai tendu
17. id. id.
18. Oiseau pris par les pattes
19. Autre poynée du Brai

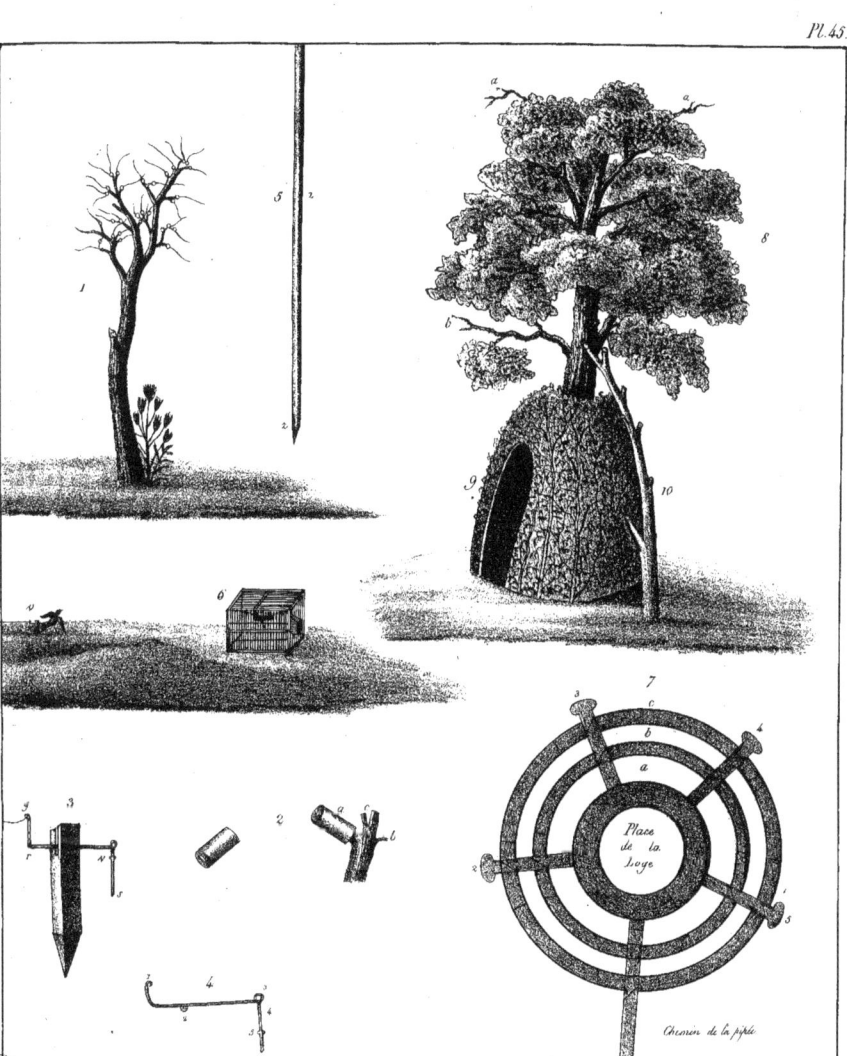

Pl. 45.

1. Arbre.
2. Dés pour tendre les gluaux.
3. Paumelle.
4. Fil de fer qui sert à la paumelle.
5. Gluau.
6. Cage d'appellant.
7. Plan d'une pipée.
8. Arbre de pipée.
9. Loge du pipeur.
10. Échelle.

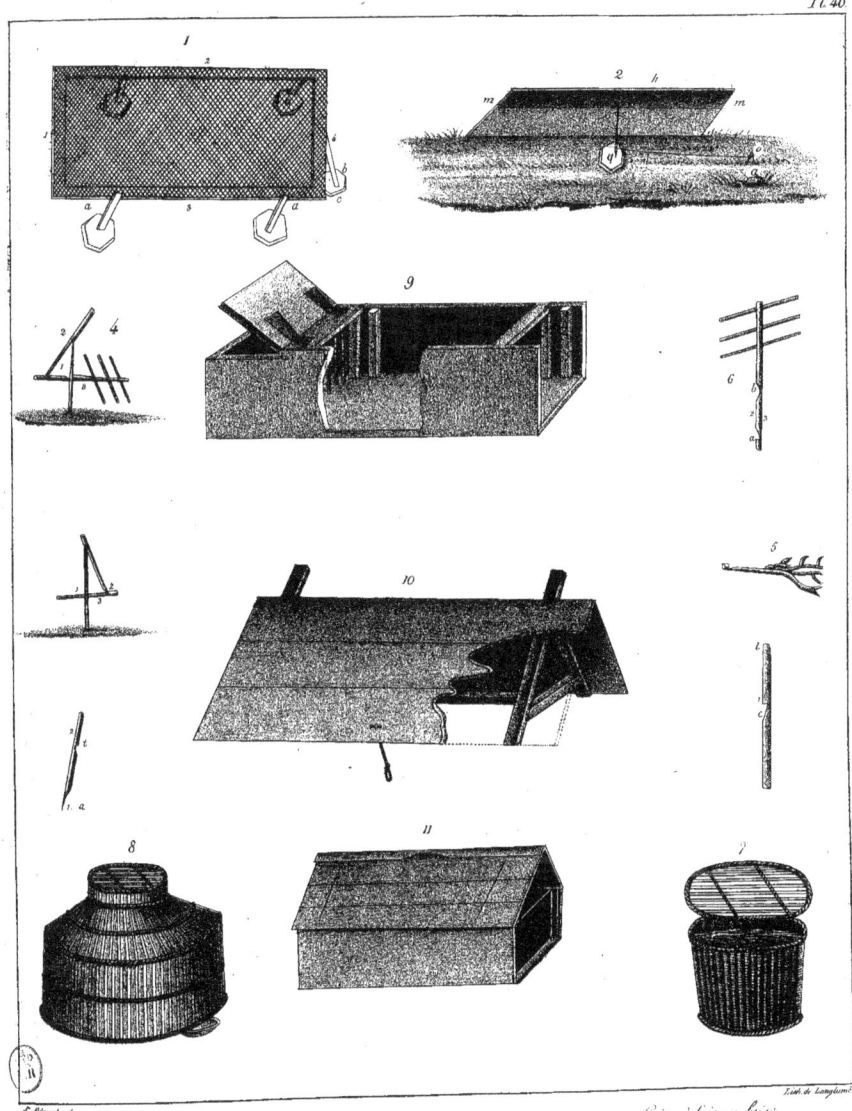

1. Tendue d'hiver.
2. Porte tendue.
3. Quatre de chiffre ordinaire.
4. Autre quatre de chiffre.
5. Traverse.
6. Manchette.
7. Panier à couver pr. les faisans.
8. Mue.
9. Caisse à faisans, brisée.
10. Couvercle de cette caisse, aussi brisé.
11. Caisse à faisans.

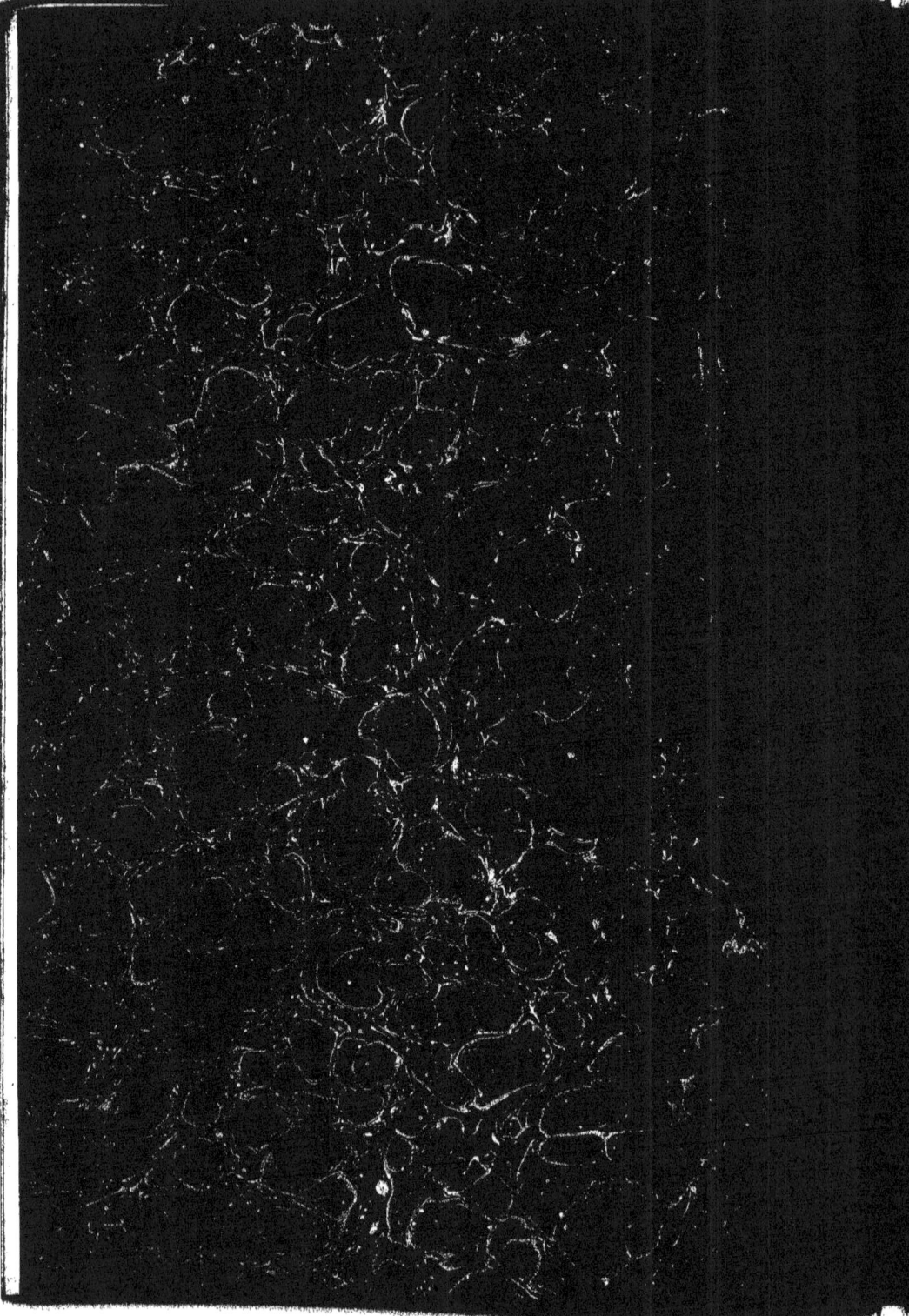

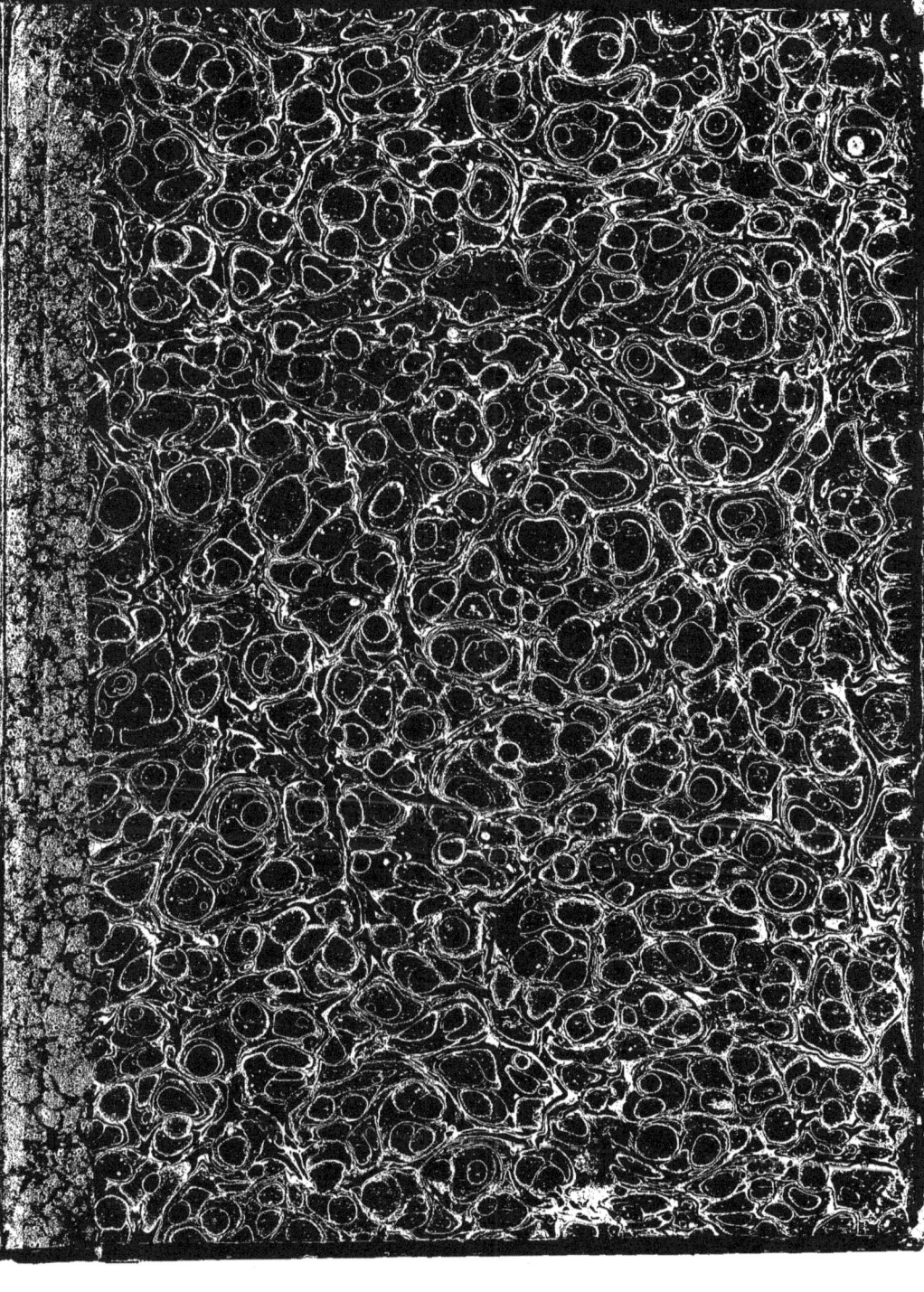

www.ingramcontent.com/pod-product-compliance
Lightning Source LLC
Chambersburg PA
CBHW070524100426
42743CB00010B/1937